地域批評シリーズ62

これでいいのか埼玉県川口市

まえがき

本書は2019年に刊行された『日本の特別地域　特別編集87　これでいいのか川口の危機』を再構築して、新たに加筆修正を加えて編集したものである。さて、2017年に人口60万人を突破し、翌年には中核市に移行した埼玉県川口市。政令市以外では千葉県船橋市に次いで全国2位の人口規模を誇っている。何せ都心へのアクセスは抜群。川口の立ち位置は埼玉第2の都市だが、その特性は東京のベッドタウンだ。玄関口の川口駅周辺には、かの豊洲よりも早くタワマンが誕生。近年は2年連続で『本当に住みたい街大賞』に輝いてもいる。見るところだけ見れば、街並みはモダンだし、周囲からの評価は上々だ。

しかし、川口はイケてるビッグシティのはずなのに、その存在は全国区ではない。そもそもイメージが希薄で、街の実像が見えない。鋳物工業はかつての看板産業だったが斜陽化は著しい。西川口の違法風俗店「NK流」は有名だが、「川口のイメージを悪くした権化」として、徹底した浄化作戦により、今は一掃されている。結局、良くも悪くもシンボルは失われ、川口は印象が薄い「モヤモヤ」した街と化している。

そんな川口に新たに定着したのは、外国人居住区というイメージだった。西川口には観光都市ではなく、中国人が形成するリアルチャイナタウンが生まれ、クルド人たちのコミュニティも築かれている。こうして「町工場の跡地に建設されたマンションに流入した新住民」「独自のコミューンを形成している外国人」、「今の川口をつくりあげた自負を持つ旧住民」が、川口を構成する代表的な3つの人種となった。それぞれが独自の「川口ライフ」を謳歌しており、お世辞にも融和と共生があまり進んでいるとは言えない。かつてはゴミ問題によって、外国人との軋轢も生じ、いわば住民間の「三すくみ状態」が続いていた。

本書では、現在の川口で起きている問題を検証するとともに、全住民への取材を基に、街としてのポテンシャルを探っている。そして川口が、県都・さいたま市の対抗軸にして、「住みたい街」や「魅力的な街」として、その地位を本当に確立できているかどうか、再評価していきたい。街を覆うモヤモヤ感を振り払い、川口の真の姿をあぶり出していこう！

川口市地図

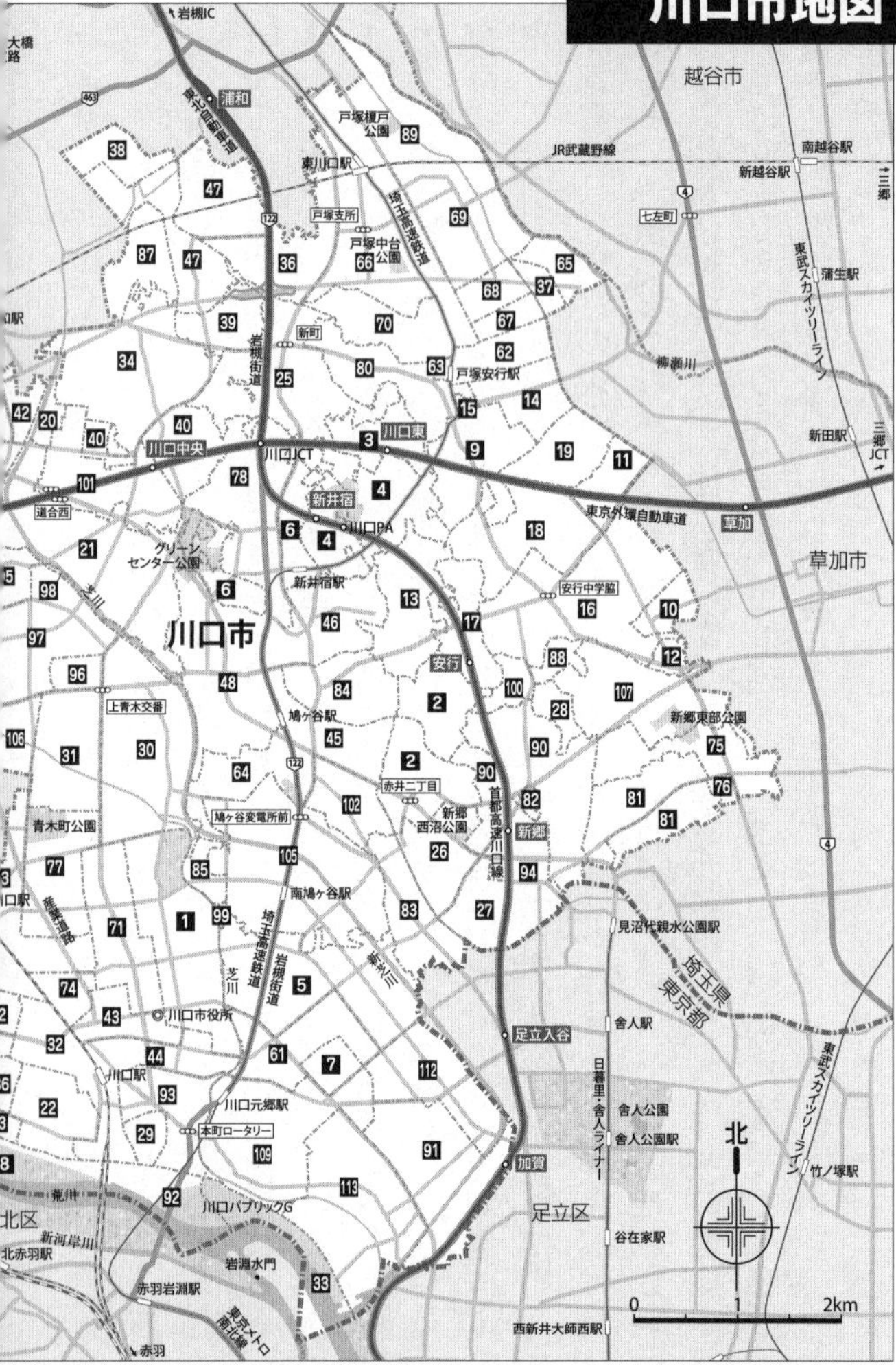

岩槻IC
浦和
東北自動車道
越谷市
戸塚榎戸公園
JR武蔵野線
南越谷駅
新越谷駅
東川口駅
戸塚支所
埼玉高速鉄道
七左町
東武スカイツリーライン
蒲生駅
戸塚中台公園
新町
岩槻街道
柳瀬川
戸塚安行駅
新田駅
三郷JCT
川口中央
川口JCT
川口東
新井宿
川口PA
道合西
東京外環自動車道
草加
グリーンセンター公園
新井宿駅
草加市
芝川
安行中学脇
川口市
安行
上青木交番
鳩ヶ谷駅
新郷東部公園
赤井二丁目
新郷西沼公園
首都高速川口線
新郷
鳩ヶ谷変電所前
青木町公園
南鳩ヶ谷駅
産業道路
見沼代親水公園駅
埼玉県
東京都
新芝川
川口市役所
舎人駅
足立入谷
川口駅
川口元郷駅
日暮里・舎人ライナー
舎人公園
本町ロータリー
舎人公園駅
北
加賀
竹ノ塚駅
荒川
川口パブリックG
足立区
北区
新河岸川
北赤羽駅
谷在家駅
岩淵水門
赤羽岩淵駅
東京メトロ南北線
0
1
2km
西新井大師西駅
赤羽

川口市の地名

あ行
1 青木
2 赤井
3 赤芝新田
4 赤山
5 朝日
6 新井宿
7 新井町
8 荒川町
9 安行
10 安行北谷
11 安行吉蔵
12 安行小山
13 安行慈林
14 安行藤八
15 安行西立野
16 安行原
17 安行吉岡
18 安行領家
19 安行出羽
20 安行領在家
21 安行領根岸
22 飯塚
23 飯原町
24 伊刈
25 石神
26 江戸
27 江戸袋
28 大竹

か行
29 金山町
30 上青木
31 上青木西
32 川口
33 河原町
34 木曽呂
35 北園町
36 北原台
37 久左衛門新田
38 行衛
39 源左衛門新田
40 神戸
41 小谷場

さ行
42 在家町
43 幸町
44 栄町
45 坂下町
46 桜町
47 差間
48 里
49 芝
50 芝下
51 芝新町
52 芝園町
53 芝高木
54 芝塚原
55 芝中田
56 芝西
57 芝東町
58 芝樋ノ爪
59 芝富士
60 芝宮根町
61 末広

た行
62 長蔵
63 長蔵新田
64 辻
65 藤兵衛新田
66 戸塚
67 戸塚境町
68 戸塚鋏町
69 戸塚東
70 戸塚南

な行
71 中青木
72 仲町
73 並木
74 並木元町
75 新堀
76 新堀町
77 西青木
78 西新井宿
79 西川口
80 西立野

は行
81 榛松
82 蓮沼
83 八幡木
84 鳩ヶ谷本町
85 鳩ヶ谷緑町
86 原町
87 東内野
88 東貝塚
89 東川口
90 東本郷
91 東領家
92 舟戸町
93 本町
94 本蓮
95 本前川

ま行
96 前上町
97 前川
98 前川町
99 前田
100 前野宿
101 道合
102 三ツ和
103 緑町
104 南町
105 南鳩ヶ谷
106 南前川
107 峯
108 宮町
109 元郷

や行
110 柳崎
111 柳根町
112 弥平

ら行
113 領家

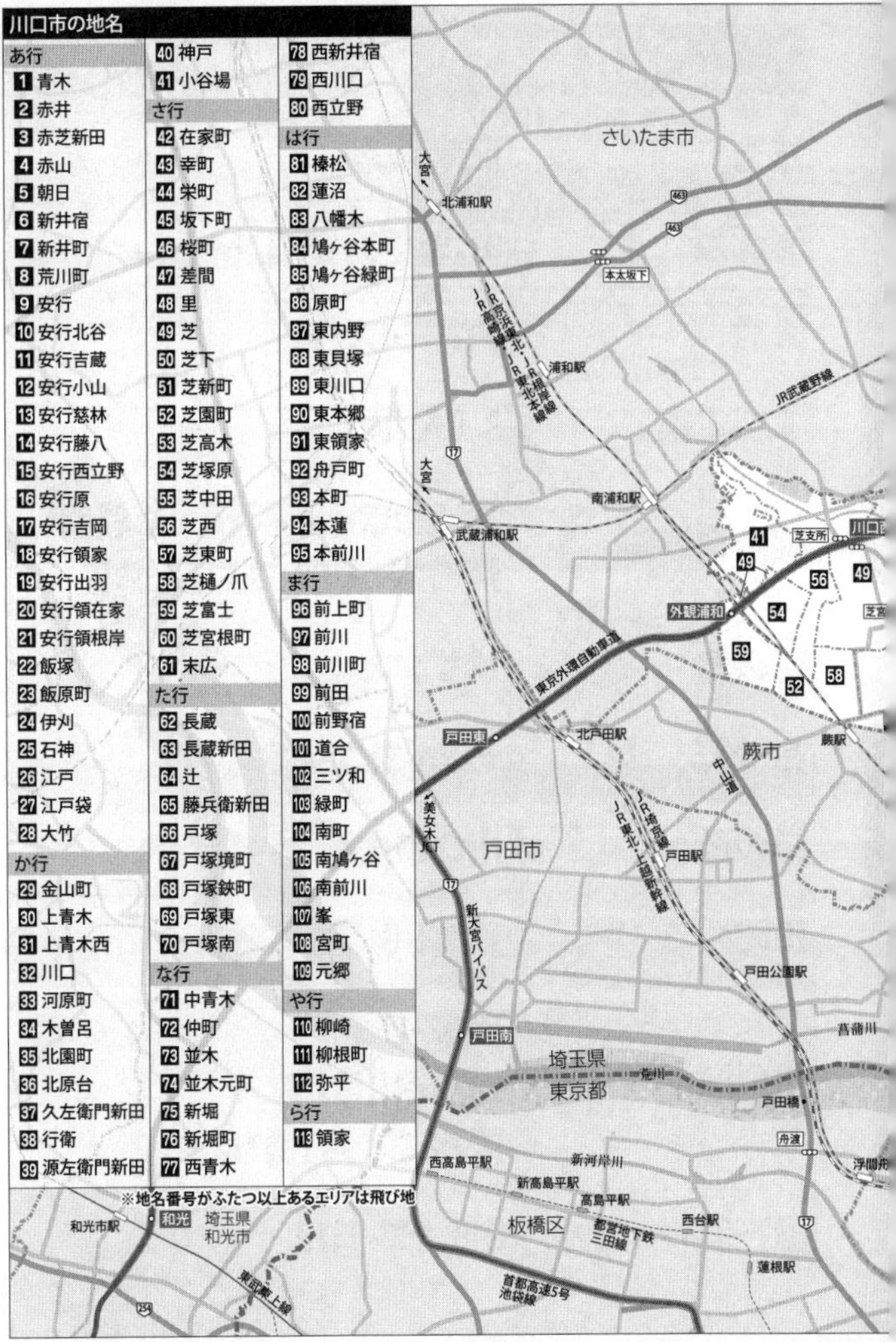

川口市基礎データ

地方	関東地方
総面積	61.95平方キロメートル
人口	607,150人
人口密度	9,8人/k㎥
隣接自治体	さいたま市、越谷市、草加市、 戸田市、蕨市、足立区、北区
市の木	サザンカ
市の花	テッポウユリ
市の歌	川口市民歌
市町村コード	11203-8
市庁所在地	〒332-8601 埼玉県川口市 青木二丁目1番1号
電話番号	048-258-1110

※人口は令和３年３月１日現在推計人口

まえがき……2
川口市地図……4
川口市基礎データ……6

●第1章●【ゼロから目覚ましく発展した川口市の歴史】……13
中世にはすでに交通の要衝だったが町っぽさはほとんどなし!……14
伊奈氏のおかげで武蔵統治の本拠地となった近世……20
大都市・江戸を背景に「川口らしさ」を獲得!……25
インフラ整備と発想力で日本一の鋳物の街に!……30
日本の戦後復興を縁の下で支え続けた川口の力……39
おじゃんになった大川口市構想　鳩ヶ谷の出戻り合併が救い!?……49

川口市コラム1　幻の鳩ヶ谷藩……56

●第2章●【川口市ってどんなトコ？】……59

ランキングとは無縁の街が「住みやすい街」ナンバーワンに!?……60
川口タワマン住民が不安視する災害時の危険とは？……68
東京がすぐ近くなのに鉄道網は意外と脆弱……74
都会なのにクルマ無しでは生きられない!?……78
ヤバいエリアはあるのに治安は意外とマシ？……83
川口市民は若い人が多いのに平均寿命が短い!?……90
優秀なのに何かが足りないハンパな川口行政……94
川口市コラム2　殻を破れないスポーツ事情……100

●第3章●【川口外国人のリアル】……103
首都圏屈指の外国人タウンの見えざる不協和音……104
外国人と日本人のホンネを聞いてみた！……111
中国人ばかりの芝園団地の実態……119
チャイナタウン化する西川口の闇……127
「ワラビスタン」に暮らすクルド人難民に広がる支援の輪……136
川口市コラム3　本格中華VS町中華！　行きたくなるのはドッチ!?……143
●第4章●【川口新住民ってどんなヒト？】……147
今やキング・オブ・ベッドタウン!?　どうして川口に人がやってくる？……148
激増する埼玉都民の川口流ライフスタイル……156

豪邸なのに堅実質素？　川口マダムの買い物事情……160
川口の一大勢力！　マンション族が抱える悩みのタネ……167
こんなはずじゃなかった!?　理想の川口生活はどこへ……177
足立区か川口かそれが問題だ！　川口南部に押し寄せる人のナゼ……181
東川口で新住民のマイカー族が急増中!?……188
浦和民を自称する川口北西民のプライド……194
川口市コラム4　川口のビミョーな住宅相場……200

●第5章●【川口原住民の独特な価値観】……203

根っからの川口住民はどこにいる？……204
川口原住民は頑固者　ときどき瞬間湯沸かし器!?……213
ないないコンプレックスをまとう格上意識が強い鳩ヶ谷原住民……219

斜陽でも町工場の志は溶鉱炉みたいに熱い!……225
伝統農業を守りたいが……　農業地帯の悲しき不公平……232
どうして手を取り合えない?　自治会をめぐる住民の思惑……241
川口市コラム5　川口名物「たたら祭り」が縮小!?……252

●第6章●【川口のイメージアップ大作戦】……255
そごう閉店で跡地利用は白紙!　自慢の駅前再開発はどうなる!?……256
NK流を謳歌したアブナイ街からの脱却……265
まったくピンとこない川口名物　特産づくりがなぜできない!?……275
鳩ヶ谷を中心に鉄道が弱いならバスで勝負だ!……286
川口市コラム6　煙たがられる川口オート……292

●第7章●【ダイバーシティな街・川口のこれから】……295
外国人との共生をリードする川口が日本の手本になるべき!……296
ライフスタイルの差を受け入れ懐の深い寛容な都市を目指せ!……302
住民と行政が切磋琢磨して未来を切り開け!……308

あとがき……316
参考文献……318

第1章
ゼロから目覚ましく発展した川口市の歴史

中世にはすでに交通の要衝だったが町っぽさはほとんどなし！

川口民の祖先は海辺で暮らしていた？

古代の日本列島は、現在とは地形も環境も大きく異なっていた。とりわけ海水面は今より高く、関東平野は巨大な内海（奥東京湾）の時代があった。当時の人々の生活の痕跡（貝塚）が関東平野内陸部で発見されることがあるが、そこが当時の沿岸部だったのだ。

川口市域を例にすれば、南部は海面の下に沈んでおり、人々は北東部に暮らしていた。その跡地が川口市内にある天神山遺跡（旧石器時代）だ。約1万8000年前、北東部の台地上に最古の川口民が住み着いたのである。また、川口市域の縄文遺跡としては、新郷貝塚や石神貝塚などがある。今でこそ埼玉県は「海なし県」などと揶揄されることが多いが、川口の祖先は奥東京湾の海辺で漁撈生活を営んでいたわけだ。

縄文時代を通じて気候が現代に近づいてくると、海岸線の位置も後退して現在と同様になり、低地の河川沿いには自然堤防が発達していった。これが現在の川口駅周辺にあたる。すると人々は台地から低地へと移り、そこで水田稲作が始まる。やがて、毛長川沿いの低地が一望できる台地に古墳群が形成されていった（高稲荷古墳など）ことが伝承や記録からうかがえるが、残念ながら川口市内に現存する古墳はない。

川口の名が歴史に登場するのは、平安時代末期から。源義経の事績を綴った『義経記』には、1180年、義経は源頼朝の挙兵に合流するために85騎を従えて奥州から鎌倉へ向かったとある。その際、武蔵国足立郡小川口で兵をあらためたと記されており、この「小川口」という場所が現在の川口市である。奥州と鎌倉を結ぶ鎌倉街道は、旧入間川（現在の荒川）を渡る際、現在の東京都北区岩淵町から川口市舟戸町（川口市立南中学校付近）を船で渡っていた。「川口」という地名が使われるようになったのもこの頃からで、旧入間川の河口に臨む場所だったことに由来している。

しかし、この当時の「川口」といえば、古利根川沿いの埼玉郡大桑村河口（現在の加須市川口）のあたりを指した。船戸の渡し場は、その「川口」よりも規模が小さかったため、「小川口」と呼ばれたのだ。前述した『義経記』に「小川口」と記されているのは、そのような理由からである。

なお、荒川河岸の船戸が原を流れていた小川に架けられていた橋は、鎌倉街道にちなんで鎌倉橋と名づけられた。現在、川口市本町には鎌倉橋記念緑地があり、そこには鎌倉橋の碑が建立されている。このことからも、12世紀末頃には、すでに川口は交通の要衝となっていたことがうかがえる。

やがて、源頼朝が平家を打倒し、鎌倉に幕府を開いた直後の１１９７年、川口には定尊上人によって善光寺（川口市舟戸町）が創設された。定尊上人は頼朝の遠縁にあたるとされ、信濃の善光寺（長野県長野市）の阿弥陀三尊を模造して本尊とした。のちの江戸時代には、江戸町人のあいだで善光寺詣りが人気になり、江戸近郊の観光スポットとして、川口は一躍脚光を浴びることになった。

川口市域は中央（鎌倉）と地方（奥州）を結ぶ交通の要衝であったため、鎌

川口市にかかわる主な歴史（～1962年）

年度	出来事
1180	源義経が小川口で兵をあらためる
1197	善光寺（川口市舟戸町）が創設される
1590	豊臣秀吉の小田原征伐。 後北条氏の降伏後、徳川家康が関東に入封。 阿部正勝が鳩ヶ谷を領する
1617	阿部正次が上総国に移封。鳩ヶ谷藩は廃藩に
1731	見沼代用水路が完成
1852	津軽藩の依頼で18ポンドカノン砲を製作
1871	埼玉県が発足
1910	川口町駅が開業。明治43年の大水害
1928	荒川大橋が完成
1933	川口町・横曽村・青木村・南平柳村が合併し市制施行
1940	鳩ヶ谷村・神根村・新郷村・芝村を編入
1942	鋳物生産量で日本一になる
1945	終戦後、陸軍の一派が川口と鳩ヶ谷のラジオ放送所を占拠（川口放送所占拠事件）
1950	鳩ヶ谷町が川口市から分離
1954	西川口駅が開業
1958	国立霞ヶ丘陸上競技場に設置する聖火台が製造される
1962	川口市を舞台とする映画『キューポラのある街』公開

※各種資料により作成

倉府の支配に組み込まれていた。川口市域を含む武蔵国は、清和源氏の流れを汲む太田氏によって治められ、川口周辺を在地で治めていた土豪は宮城氏や内山氏など。室町時代の後期から戦国時代にかけて、太田氏は相模（現在の神奈川県）の後北条氏と争うも敗北し、宮城氏や内山氏は後北条氏に仕えるようになる。

後北条氏は関東一円に広大な版図を築いた。5代に渡って栄えたものの、豊臣秀吉と対立。1590年、秀吉による小田原征伐が開始された。この小田原征伐では小田原城（神奈川県小田原市）だけが攻囲されたのではなく、関東の後北条方の諸城も軒並み攻撃対象とされ、川口周辺では岩槻城（現在のさいたま市岩槻区）が約2万の軍勢に攻められた。岩槻城方の主力は小田原城に詰めていたために兵力は約2000程度。戦力差は覆しがたく、早々に落城してしまった。そして小田原城が開城し、後北条氏は滅亡する。

この小田原征伐後、後北条氏の旧領は徳川家康が支配することになった。のちに家康は江戸に幕府を開くことになるが、この関東移封以来、川口市域は徳川氏の支配下に組み入れられた。

1197年に定尊上人が開創した善光寺（川口市舟戸町）。長野県長野市の善光寺と同じご利益があるとされ、江戸の人たちの信仰を集めた

古代から中世にかけての川口市域は交通の要衝として整備され、重要視されてはいたものの、それは「通り道の重要性」でしかなく、「町」としての独自性はまだ確立していない。川口が都市のアイデンティティを獲得するのは、もう少し先の話である。

伊奈氏のおかげで武蔵統治の本拠地となった近世

川口を開発した関東郡代・伊奈氏

豊臣秀吉の死後、関ヶ原の戦いに勝利した徳川家康は江戸に幕府を開いた。天下人になった家康は、徳川政権を盤石なものとするために家臣団の再配置を大々的に行い、幕藩体制を確立していく。その基本方針は、大大名は遠隔地に配し、江戸近郊には直轄地（蔵入地）を集中させるというもので、江戸から十里以内に位置する川口には幕府の直轄地や旗本領が置かれた。そのため「〇万石以上」といったような大藩は、江戸時代を通じて川口市域には成立することがなかった。

江戸期、川口市域のほとんどは、伊奈氏や熊沢氏が治めた。熊沢氏は芝村など三ヶ村（1084石）を領し、芝村代官の熊沢忠勝は房州鶴谷八幡神社（千葉県館山市）の分霊を勧請して鶴ヶ丸八幡神社を建立した。

代々に渡って関東郡代を務めた伊奈氏は、関八州の治水工事、新田開発、河川改修に従事し、利根川の東遷事業に取り組むなど、徳川氏の関東領国支配において中心的な役割を担っていく。

とりわけ事績が顕著なのが伊奈忠治で、彼は利根川東遷事業において大きな業績を残し、後世には忠治を祀った伊奈神社（茨城県つくばみらい市）が建立されたほどだ。忠治は27歳のときに兄の死によって関東郡代を引き継ぎ、武蔵国赤山（川口市赤山）に領地を拝領していたことから赤山に拠点を築いた。それが現在の赤山城址（赤山陣屋跡）である。

川口市内における忠治の功績としては、それまで手つかずだった見沼の開発が挙げられる。現在、見沼といえば見沼自然の家のある見沼たんぼ近隣を指すが、もともとは大宮駅東側から東浦和駅周辺にまで及ぶ広大な沼が存在し、それを見沼と呼んでいた。忠治は沼の南部一帯を開田するために、八丁堤を築いて沼水をせき止め、灌漑用の溜池とした。これが見沼溜井の始まりである。

ところが、見沼溜井は周辺の農村にたびたび水害をもたらしてしまう。このため、八代将軍・吉宗の治世で、全国的に新田開発が励行されるようになると、見沼溜井は新田として開発されることになる。この際に利根川から取水する見沼代用水路が誕生、旧見沼溜井の跡地には約1200ヘクタールの新田が拓かれた。川口市内で「○○新田」といった地名が多いのは、このときに開発された土地だからである。

見沼代用水は農業用水路としてだけでなく、利根川と江戸を結ぶ輸送路としても活用された。この時に開削されたのが見沼通船堀だ。この堀は閘門式といい、水位が異なる2つの河川のあいだに水門を設け、水位を調整して船を通過させるという方式のもので、1731年に作られた。当時としては世界的にも珍しく、川口を大きく発展させる重要なインフラとなった。なお、この見沼通船堀は、昭和初期までおよそ200年近く利用された。

ともあれ、川口の開発は伊奈忠治に端を発することがわかるだろう。いうなれば「川口の祖」だが、現在の川口市民のほとんどは、実は彼の姿を目にしたことがある。というのも、川口1丁目にあるショッピングセンター「キュポ・ラ」

内部には、忠治のブロンズ像が建てられているのだ。「川口の祖」へのリスペクトは、今も失われていないのである。

街道整備によって江戸がぐっと身近に

江戸幕府は全国支配のために、江戸と全国各地を結ぶ五街道を整備した。このうち埼玉県域に関係するのは中山道、日光街道、奥州街道の３つ。中山道は板橋から大宮方面へと向かい、日光街道と奥州街道は埼玉県域では同じルート（千住から草加、粕壁、幸手を通過）を用いる。つまり、川口市域はどちらにも関係しなかった。ところが、かつて源義経が利用した鎌倉街道が脇街道として整備されるようになったのである。

日本橋を起点とする中山道が板橋に至る前に分かれ、岩槻、川口、鳩ヶ谷と経て日光・奥州街道の幸手に合流するルートだ。この経路は、徳川将軍家が日光に参拝する際に用いたことから「日光御成道」と呼ばれた。かくして、道中の川口や鳩ヶ谷には宿場が設けられた。川口宿は岩渕宿と合い宿（月の前半と

川口市域に存在した芝村の代官を務めていた熊沢忠勝が、房州鶴谷八幡神社(千葉県館山市)の分霊を勧請して建立した鶴ヶ丸八幡神社

後半で役目を交代して請け負う)だったが、二代将軍・秀忠が昼食処として利用して以来、その重要性は高まった。

また、街道の整備に伴って、江戸の町人のあいだで川口の善光寺が観光地として注目されるようになる。八代将軍・吉宗の時代には、鳩ヶ谷宿より北に紀伊徳川家の公儀鷹場(鷹狩り場)が設けられ、川口市域は江戸のレジャースポットとしての性質も帯びるようになっていった。

大都市・江戸を背景に「川口らしさ」を獲得！

「川口の植木」のブランド化に成功

江戸幕府が開かれる以前、農村は基本的に自給自足の暮らしだった。しかし、貨幣経済が浸透したことにより、現金収入をもたらす商品作物の栽培が盛んになっていく。もともとは耕作の合間に行っていた農間余業が、次第に産業化していったわけである。川口市域の場合、近郊に江戸という一大消費都市が誕生したことにより、その需要に応えるかたちで産業が発展していった。

江戸時代における川口の地場産業としては、まず、紙漉きや渋柿づくりなどが有名になった。これらは現在では廃れてしまったものの、今でも地場産業であり続けているものがある。それが植木栽培だ。伊奈氏によって新田開発や利水が進められた成果として農地が拡大すると、川口では稲作以外にも植木や花の栽培が励行されるようになった。

こうした歴史的経緯をバックグラウンドに頭角を現したのが、安行村の名主・吉田権之丞だ。権之丞は承応年間（1652〜1655年）に江戸へ切り花植木を売りに出るようになる。ちょうど同じ頃の1657年、江戸では市中の大半を焼き尽くす大火災が起きた。明暦の大火である。このとき権之丞は植木や苗木を売り込み、江戸の復興需要にマッチして大当たりした。この成功によって、吉田家は「花屋」と呼ばれるようになったという。

その吉田権之丞の墓は、安行吉岡の金剛寺にある。現在、金剛寺の境内には「吉田権之丞翁記念碑」が建立されており、そこには「植木の開祖」と刻まれている。

やがて、江戸で文化が成熟してくると、武士や町人のあいだで草花や植木を愛好するブームが起きる。これにより植木や苗木のニーズは急騰し、安行の近隣農家は権之丞の成功にならい、植木や果樹の苗木、切り花などを栽培するようになった。明和から安永にかけての頃（18世紀中頃）には、赤山在住の岩橋太郎兵衛が柳と榊の枝を切って江戸へ売り出すと、安行の切り花は「赤山物」として人気を博した。

１８３６年には赤山物の松の盆栽が将軍家に献じられたと伝えられており、江戸城本丸・上野寛永寺の切り花御用には赤山の切花屋が勤めることになった。かくして「安行の植木」はブランド化に成功したのである。幕末を迎える頃には、安行には数十戸の植木栽培農家が存在したという。

家康が呼び寄せた鋳物師集団が定住

そして川口の産業として忘れてはならないのが鋳物業だ。現在でこそベッドタウン化が進み、住宅街としてのイメージが強くなっている川口だが、吉永小百合主演の映画『キューポラのある街』（１９６２年）の舞台にもなったように、かつては「鋳物の町」として広く知られていた。

川口における鋳物は、徳川家康の関東入封にまでさかのぼる。家康は全国から鋳物師を呼び寄せたが、なかでも川口では荒川の川砂や粘土が採取でき、これが鋳物に適していたことから、鋳物師集団は川口に定住するようになった。もともと江戸では上方から鋳物を輸送していたのだが、江戸での商品需要が高まるにつれ、仕入れ先を江戸周辺に切り替えるようになった。街道や水運が整備された川口は、江戸への商品供給元としての好条件がそろっていたのだ。

川口での鋳物生産品は、当初は鍋や釜といった生活必需品が主流だった。それが次第に、観賞用の工芸品など生産品は多様化していき、それに伴って職人の数も増えていった。享和年間（１８０１～１８０４年）には９人だった鋳物師は、安政年間（１８５４～１８６０年）には21人にまで増えていたのである。

やがて幕末になると、鋳物需要に大きな変化が訪れる。鎖国政策によって一部の港でのみ外国と交易を続けてきた幕府や全国の大名は、全面的な開国を求める諸外国からの脅威に対抗するため、川口の鋳物師に大砲の砲身を発注してきたのである。ちなみに、このとき幕府が砲台を設置した場所が品川の沿岸部の埋立地で、現在の東京の「お台場」である。

川口では１８５２年に津軽藩の依頼を受けて18ポンドカノン砲を製作したのを皮切りに、１８５７年までの５年間で２１３門の大砲と４万１３２３発の砲

川口市内の増幸産業株式会社に展示されている18ポンドカノン砲。
江戸末期における川口鋳物師の技術力とプライドが垣間見える

弾を製造した。現在、増幸産業株式会社（川口市本町）の敷地内には、最初に製造した18ポンドカノン砲の複製品が展示されている。

関東の各地に存在した鋳物師集団は、明治維新後の近代化の波に呑まれ、歴史から姿を消していく。しかし、川口ではいち早く近代的な洋式の鋳物製造技術を導入することができ、近代化に成功した。それは、幕末の動乱期に獲得したノウハウがあったからこそ、だろう。やがて川口は、先進的な「鋳物の町」として全国に名を轟かせていく。

インフラ整備と発想力で日本一の鋳物の街に！

町民が熱望した川口駅の誕生

幕末には大砲の需要で潤ったものの、基本的に川口の鋳物業は江戸の日用品需要に応じるのが第一義であった。その傾向は、明治維新後の廃藩置県によって川口が埼玉県に組み入れられて川口町となり、江戸が東京になってからも変わらなかった。事実、明治前期における川口町の生産品は釜や鍋、風呂釜や鉄網といった日用品が中心だった。これらの製品が東京に出荷され続けたのは、第一に東京の人口の多さが理由として挙げられるが、川口から輸送しやすかったという点も大きい。川口町は荒川沿岸にあり、その水運を利用して東京の市場まで一気に商品を運搬できたのである。

だが、こうした川口の物流は、鉄道の登場で劇的に変化する。

日本最初の鉄道は１８７２年に新橋～横浜間（厳密には品川～横浜間）で開通し、それを端緒に大阪など各地で官営鉄道が開業していった。そして１８８１年、日本最初の私鉄・日本鉄道会社が設立される。日本鉄道会社による路線敷設計画の第一区線は、上野～高崎・前橋間を予定していた。その途中にある川口からすれば、停車場（駅）がつくられるものと期待が膨らむ一方だった。

実際、鉄道の敷設は川口～熊谷間から着工され、起工式は川口町で行われている。鉄道用の資材を荒川の舟運で運搬できたため、工事を進めやすかったのだ。また、川口の善光寺の裏手には機関車の部品が運ばれ、そこで組み立てられたことから、機関車は「善光号」と名づけられた。

ところが、日本鉄道会社は川口に停車場をつくらなかった。これだけ川口に依拠しながら、赤羽停車場のあとは浦和町停車場となり、川口はスルーされたのである。川口町の人々は、さぞかし落胆したことだろう。

その後、日本鉄道会社は１９０６年に国有化される。国有化後、川口町では停車場誘致の声が再燃し、鉄道院総裁に熱烈な陳情を行った。このときの請願書に、鋳物業者が数多く名を連ねていた点は注目に値する。鋳物業者は、鉄道によって運搬がスムーズになったり、遠隔地で新規に市場拡大が狙えると期待していたのだ。こうした町民らの熱意が実り、１９１０年、ついに川口町駅が開業した。日清・日露戦争で工業鋳物の需要が高まったこともあり、川口の鋳物は業者の思惑通り、川口町駅から全国各地、果ては朝鮮半島や台湾にまで届けられた。

荒川に架けられた新しい橋

荒川沿岸の川口町にとって、荒川対岸（東京都北区岩淵町）との交通確保も重要な課題であった。

川口と岩淵は、江戸時代は渡し船で荒川を行き来していた。この渡し場は、川口側では「川口の渡し」、江戸側では「岩淵の渡し」と呼ばれていた。渡し船というと牧歌的なイメージを抱きがちだが、江戸時代だけではなく、１９０５年まで存続し、川口と江戸・東京の往来を支えた。

しかし、渡し船では一度に大勢の人や大量の物品を運ぶことができない。そこで、埼玉と東京は荒川に橋を架けることを計画する。当初は木造の橋の建設が考慮されたものの、治水上の理由から見送られ、1891年に船橋が架けられることになった。この船橋は11艘の船を並べ、その上に板を渡して橋としたものである。

1910年8月、東日本の1府15県（当時）は、未曾有の大水害に見舞われた。この「明治43年の大水害」は、各地に甚大な被害をもたらし、荒川沿いの川口町も被害を免れることはできなかった。氾濫面積は約5950平方キロメートル、東京都の面積の約2・7倍に及んだという。荒川は農業用水や舟運に利用でき、川口の生活を支えてきた一方で、この「荒ぶる川」の氾濫とも向き合っていかなければならないのは、いわば川口の宿命でもあった。

これを受けて政府は、放水路を開削する荒川放水路事業を行い、河川改修事業を機に新荒川大橋の架橋が決定する。1928年に完成した荒川大橋は全長およそ843メートルと、当時としては都内でもっとも長い橋であった。

進取の気性に富み鋳物生産は近代化

川口の鋳物の生産は、それまでは職人の手仕事によるものであった。扱う製品にしても釜や鍋などの日用品や仏具、鋤や鍬といった農具などが中心だったが、明治時代に近代化を成し遂げ、機械の部品や土木建築用の鋳物（鉄柵や水道用鉄管など）を生産するようになっていった。

とはいえ、こうした転換は、ある時期を境に一斉に成し遂げられたわけではない。時代を経るにつれて、徐々にシフトしていったのである。明治後期などは、まさにその過渡期であったといえる。ここでは川口が、いかにして工業化を成し得たのか、その過程を見ていくとしよう。

生産品のシフト転換は、そもそも技術ありきで始まった。川口の鋳物はそれまでも需要が高かったが、その環境に甘えることなく、西洋的な先進技術を貪欲に導入していた。燃料を木炭からコークスへ変えたり、西洋式生型法を導入したり、溶鉄作業を人力のタタラから蒸気力（のちに電力）へと転換したりするなどの技術革新が行われ、それに伴って製品の大型化や量産化が可能になっていったのである。

こうした先進技術の導入に積極的だったのが永瀬庄吉だ。永瀬家は、先祖代々川口で鋳物師を営んでおり、庄吉の代には川口でも有数の工場を構えた。当主の庄吉は、いち早く蒸気動力による溶鉄作業を導入し、大型鋳物製品を扱えるようになっていた。

そして1877年、永瀬家（永瀬鉄工所）は学習院の旧正門の鉄門扉を完成させた。この門扉は、現在でも学習院女子大学（東京都新宿区）の鉄門として利用されている。さらに庄吉は、同じく川口で鋳物製造業を営む永瀬留十郎工場と協力し、皇居の二重橋の鉄柵を鋳造して川口鋳物の名を全国に知らしめた。庄吉は川口町のほかの鋳物業者にも蒸気機関や送風機を供給し、川口の技術革新が成し遂げられていくのであった。

この頃、鋳物製品の出荷に関して大きな権益を握っていたのは問屋だ。鋳物問屋の草分け的な存在である鍋屋嶋崎平五郎商店、通称「鍋平」は鋳物販売で莫大な富を築いた。その栄華の証ともいえるのが、川口市金山町に建築した鍋平の別邸である。西洋文化の風情を取り入れたモダンな洋風古典建築の邸宅で、池泉回遊式という、戦前に東京の下町地区で流行した日本庭園を備えていた。この豪邸は1982年に川口市に寄付され、現在は川口市母子・父子福祉センターの建物として利用されている。

ちなみに、現在の川口市には、鍋平別邸のほかにも重要文化財の指定を受けた建築物として旧田中家住宅（川口市末広1丁目）がある。こちらは味噌の醸造業で財を成した田中徳兵衛の住宅で、1923年に完成した。鍋平別邸とともに大正・昭和期の和洋折衷建築を今日に伝えている。鋳物と同様、かつては味噌醸造業も川口の地場産業だったが、こちらは昭和40年頃には廃れてしまった。

川口市域における戦争の影響とは？

やがて日本は、二度の大きな戦争を経験する。1894年の日清戦争、そして1904年の日露戦争だ。このとき鋳物の街・川口では、東京砲兵工廠の命令を受けて、砲弾や砲弾付属品を製造するようになった。

そして、川口鋳物の名が全国に知られたことで、各地から機械鋳物の注文が殺到する。こうした活気のなか、1913年に川口駅（川口町停車場）が開業し、川口の鋳物は全国に販売路を獲得した。鉄路によって、商業規模を拡大したのである。それまでのような問屋に依存した販売体制から脱却することで、川口の鋳物産業は飛躍的な発展を遂げたのだ。

だが、右肩上がりの成長に歯止めがかかる時が訪れる。1930年、未曾有の恐慌が日本全国を襲った。昭和恐慌である。工業化によって農村から「労働者の町」へと変容していた川口には、不況のために多くの失業者があふれかえることになった。労働争議が頻発し、不況のダメージは深刻化していった。

この状況を打破したのは、またしても戦争による特需である。1931年に満州事変が勃発すると、日本は太平洋戦争の終結まで「15年戦争」に突入していく。川口では、一連の戦争需要によって軍需関連産業が急成長し、労働人口は増加の一途をたどった。そして、1933年には川口市が発足。埼玉県内では川越市に次ぐ2番目の市制施行となった。

日米開戦の翌年である1942年4月18日、日本の本土は初めてアメリカの

昭和初期、川口町駅（当時）から大宮方面を望む。『東北線赤羽大宮間電気運転設備概要』（鉄道省東京電気事務所編、1932年）より

爆撃機による空襲を受けた。このドーリットル空襲では、関東では東京や川崎が標的とされたが、東京とほど近い場所の川口にもその余波が及んだ。川口市では死者12名を含む100人ほどの死傷者が出ている。

ただし、川口の場合、これ以降は全国各地が受けるような大空襲と無縁だった。戦時下でも鋳物生産量は着実に増加し、同年、川口市は鋳物生産量で日本一に輝いたのである。

まもなく日本は敗戦を迎えるが、大空襲を免れた川口市は、資材や設備を温存することができた。それが迅速な戦後復興に役立てられていくのである。

日本の戦後復興を縁の下で支え続けた川口の力

戦後の混乱と高度経済成長期

終戦直後の川口市で、世間を揺るがす事件が起きた。

1945年8月24日、陸軍の一派が日本放送協会（現在のNHK）の川口放送所と鳩ヶ谷放送所を占拠したのである。事件を起こしたのは、これに先立つ終戦前夜の8月15日未明に日本の無条件降伏に反対してクーデター（宮城事件）を企てた一派であった。

宮城事件の際には、ラジオで「終戦の詔勅」（玉音放送）を放送することを妨害しようとするが失敗。続く24日には放送所を占拠して、ラジオを通じて国民に徹底抗戦を呼びかけようと画策した。この川口放送所占拠事件は、結局は首謀者が説得に応じて投降し、解決を見たが、事件の影響で関東一円はラジオ放送が半日ほど停波状態になった。終戦直後は、全国の各地でまだまだ混乱が続いていたのである。

戦後の混迷期は、当然ながら物資が致命的に不足していた。日々の食糧に事欠いていたのはもちろん、ありとあらゆる日用品が欠乏した。しかし、戦火を免れた川口では、終戦から1週間も経たないうちに工場が操業を再開した。戦時中は軍需物資を生産させられていた工場で、鍋や釜といった日用品や農機具の生産を始めたのである。翌9月の終わり頃には、市内にある600以上の工場のうち、半数近くが操業していたというから驚きだ。

さらに、終戦からわずか2年後の1947年、川口市内の工場数は700を超え、鋳物生産額は全国の3分の1を占めるようになる。つまり、戦後復興の狼煙は、川口市内の煙突から上がったといっても過言ではないだろう。

日本中が深刻な戦後不況にあえぐなか、1950年に朝鮮戦争が勃発。国連軍が軍需物資を日本で調達したことから、日本に特需景気がもたらされた。川口市では、翌1951年の鋳物生産額が前年の3倍以上に跳ね上がっていた。

その数値からも特需景気のすさまじさをうかがい知ることができるが、この時点で川口の鋳物生産は、すでに戦前の最高水準（1943年）を上回っていた。

この頃に川口で生産していた鋳物製品には、ストーブ、風呂釜、かまど、ガス器具といった日用品が目立つ。このうちストーブに関しては、全国の8割のシェアを誇った。川口では、こうした日用品を生産しつつも、徐々に機械鋳物部品の生産へとシフトしていき、より大量の労働者を雇えるようになっていった。こうして復興期の川口市内では、工場労働者などの第2次産業就業者が激増するが、その一方で第1次産業従事者は急速に減少した。このように川口は「工業都市」「鋳物の街」の性質をさらに強めていったのである。

そしていよいよ高度経済成長期に突入。朝鮮特需をバネに景気回復を図った日本は、1956年に経済白書が「もはや戦後ではない」と宣言したように、すでに国全体の経済状態が戦前の最高水準を上回るようになった。ここからさらに1973年までの18年間で、年平均10パーセント以上の経済成長を達成していくのである。

川口市内では1960年を境に新規に建設された工場数が急増している。当時の川口駅前の光景は現在とは大きく異なり、工場群が広がっていたのだ。

工場が増えれば、当然ながらそこで働く就業者の数も増える。市域への人口流入に拍車がかかり、1964年に川口市の人口は20万人に到達。これは埼玉県内の都市で初となる大台突破であった。

川口の人口増加は衰えることを知らず、1971年には人口30万人を超えた。戦後復興を牽引した川口は、高度経済成長期を経て巨大都市へと成長したのである。

高度経済成長の象徴である東京五輪と新幹線

さて、日本の高度経済成長は、ただ一度の好景気によってもたらされたものではない。神武景気（1954~1957年）、岩戸景気（1958~1961年）、オリンピック景気（1962~1964年）、いざなぎ景気（1965~1970年）と、複数の好景気が立て続けに発生したことに起因している。

高度成長期を象徴するできごととしては、1964年の東京オリンピック開催が挙げられるだろう。かつて戦争で焼け野原となった東京でオリンピックが開催されるとあって、日本の復興と経済成長が世界に喧伝されることになった。

この東京オリンピックのメイン会場となったのが、国立霞ヶ丘陸上競技場だ。バックスタンドの最上段には聖火台が設置され、東京オリンピックのシンボルとして注目を集めたが、この聖火台を製造したのが川口の鋳物師だった。

聖火台を製造したのは、鈴木萬之助・文吾の父子。もともとは1958年に東京で開催されたアジア競技大会に向けて製造を依頼されたものだった。そのため、聖火台の模様は、太平洋を表す波模様であったり、横線は参加国・地域の数だったりと、大会にちなんだ造形になっている。

そのアジア競技会は、オリンピック開催の試金石となる大会でもあった。この大会の成功によってオリンピックの誘致に成功し、翌1959年に東京でのオリンピック開催が決定したことからも、その重要性がわかるだろう。

鈴木親子が制作を依頼された聖火台だが、納期までわずか3カ月しかなく、さらに作業途中で萬之助が亡くなる悲劇も起こったなか、息子の文吾が完成にこぎつけた。そしてこの聖火台は、アジア競技会に続き、東京オリンピックでも採用され、2014年に新国立競技場建築のために閉場となるまで、国立競技場の重要なモニュメントとして設置されていた。

現在、川口市内の青木町公園総合運動場の敷地内には、この聖火台のレプリカが設置されている。レプリカというが、実はこれは、鈴木父子が萬之助の存命中に製造した第1号の聖火台であり、製造過程のアクシデントで破損してしまったものだ。これを補修した「聖火台第1号」がレプリカとして展示されている。川口とすれば、昭和の東京オリンピックだけでなく、「鋳物の街」の歴史を象徴する記念碑的な存在なのだ。

さて、高度経済成長期を象徴するもうひとつの存在といえば、新幹線(0系電車)だろう。

1964年に国鉄が開発した新幹線は、世界で最初の高速鉄道車両である。この0系電車を製造したのは日本車輌製造株式会社で、以後、蕨工場において増産されていく。ただ工場の名称に「蕨」の地名を冠しているが、実際の工場の所在地は芝村(現在の川口市芝園団地付近)である。

高度経済成長期を象徴する東京オリンピックと新幹線は、どちらも川口市にゆかりのあるもの。このことからも、川口が日本の復興と発展に大きく貢献したことは疑う余地がない。

工業都市からベッドタウンへ

１９６２年には、川口を舞台にした吉永小百合主演の映画『キューポラのある街』が劇場公開され、川口は名実ともに「鋳物の街」として全国区の知名度を得た。そして高度経済成長期を経て、川口の鋳物生産量は40万７０００トン（１９７３年時点）にまで達したのである。

しかし、この年をピークに鋳物生産量は減少傾向に転じる。その直接的な要因は、景気の減退である。長らく続いた好景気がいよいよ終焉を迎え、さらに１９７３年に起きた第一次オイルショックは製造業に深刻なダメージを与えた。全国の工業都市と同様に、川口でも数多くの工場が閉鎖に追い込まれてしまう。さらに製造コストを下げるため、海外へ生産拠点を移す企業が続出した。それに伴って、川口市内の鋳物工場の生産量も、右肩下がりに減少していった。

川口における高度経済成長の終焉を象徴する出来事としては、日本車輌の蕨工場閉鎖が挙げられる。それまで新幹線（0系電車）を製造してきた広大な工場が閉鎖され、その敷地は日本住宅公団（現在のＵＲ都市機構）に売却された。

そしてその跡地には芝園団地が建設されることになった。10〜15階建ての高層建築が林立することになり、１９７８年に竣工してからは「マンモス団地」の異名を取った。高層建築が群れを成す姿は、当時としては近未来的に映ったようで、『ＡＫＩＲＡ』で有名なマンガ家・大友克洋は『童夢』（１９８０年）で芝園団地を作品舞台のモデルにしている。高度成長期に生まれた川口の団塊ジュニアの世代にとっては、こうした団地は故郷の原風景となった。

芝園団地の建設以降、川口市内には団地や大型のマンションが続々と建設されていった。その結果、地場産業が衰退していたにもかかわらず、人の流入が続き、１９８６年には人口が40万人を突破する。高度経済成長の終わりを契機に、それまで県下一の工業都市だった川口は、都心近接のベッドタウンへと変容し、「家は埼玉、職場は東京」という埼玉都民の一大巣窟となった。

元号が平成から令和に改まった現在、鳩ヶ谷との合併（２０１１年）もあり、川口市の人口は60万人を超えている。埼玉県内では、さいたま市に続く2番目の規模であり、中核市のなかでは国内第3位を誇る。地方といえば、人口減少や少子高齢化が何かと取り沙汰され、将来的な消滅の危険性を指摘されている街も多いなか、川口市は、衰退とは無縁であり続けている。

農村から工業化、戦後復興と高度経済成長、そしてベッドタウン化と、川口は「日本の平均像」を常に、半歩先に実現してきた。そして今、ベッドタウンの住民は世代交代し、外国からの移住者が激増している。芝園団地の入居者の半数以上は海外出身者だという。

ニューカマーと旧住民のあいだでは、文化の相違から少なからずトラブルも起こっている。だがこれは川口の歴史が証明しているように、半歩先の「日本の縮図」なのかもしれない。これから日本がより積極的に移民を受け入れていくなら、必ずやダイバーシティ（多様性）の問題に直面するはず。現在の川口は、全国に先がけて、その問題に取り組んでいることになる。これからも川口は、かつてがそうであったように、日本社会のリードオフマンとして、きたるべき未来を切り開いていく、はずである。

鋳物職人の姿を力強く表現した「働く歓び」像。1974年にJR川口駅東口に設置された

おじゃんになった大川口市構想 鳩ケ谷の出戻り合併が救い!?

市名公募の３市合併　紛糾して白紙撤回へ

もともと埼玉県は川口、浦和、大宮の50万都市が三つ巴というか三すくみの状態だった。そんななかで浦和と大宮と与野が手を結び、２００１年にさいたま市が成立。晴れて１００万都市となったことで鼎立状態が崩れた。

浦和と大宮は仲が良かったから合併したわけではない。むしろその逆でメチャクチャ仲が悪かったのに、清濁併せ呑むというか互いの利害関係が一致し、合併の道を選んだ。いわば大人の選択である。これで積年の「埼玉県の県庁所在地って埼玉だったっけ?」という、「県庁所在地の知名度低い問題」はさいたま市の誕生によって解決されたのである。

一方、川口はこの合併劇を、ただぼーっと見ていたわけではない。孤高の道を歩んでいるかのように見える川口にも、かつて「大川口市構想」が存在した。平成の大合併が盛んになる以前の1983年、川口は鳩ヶ谷、草加、蕨、戸田と「埼玉県南5市まちづくり協議会」を設置。2003年には、川口、蕨、鳩ヶ谷の3市で法定合併協議会を設立し、合併に向けて舵を切った。しかし、草加と戸田は不参加だった。というのも、草加は越谷、三郷などとの合併協議に入っていて、戸田は財政力もあり、住民投票で合併反対が圧倒的多数だったためだ。

その3市決定合併協議会だが、こうした協議で重要になるのは意外と新市名や市庁舎の位置だったりするもの。2004年の新市名公募では「川口市」が大差で1位となる。人口が圧倒的に多いんだから、公募をやる必要があったのかどうか疑問だが、この手の公募は高輪ゲートウェイの例もある通り、十中八九揉める。実際、協議会では5位の武南市を推す声が多かったところから雲行きが怪しくなった。結局、協議会内で「川口市」と「武南市」の決戦投票となったが、22対19で武南市が勝利。これで新市名は武南市となった。が、収まら

川口と鳩ヶ谷の合併の歴史

年度	川口市の出来事	旧鳩ヶ谷市の出来事
1889年	町村制施行により川口町誕生	町村制施行により鳩ヶ谷町誕生
1901年		鳩ヶ谷町が北平柳村を編入
1911年		東京府への編入を請願
1923年		再度、東京府への編入を請願
1933年	川口町、青木村、横曽根村、南平柳村が合併して川口市誕生	
1940年	鳩ヶ谷町、芝村、神根村、新郷村が川口市に編入	
1950年	旧鳩ヶ谷町が川口市より分離、再び鳩ヶ谷町となる	
1956年	安行村が川口市に編入	
1957年	栗原浩知事が鳩ヶ谷町に対して合併を勧告する	
1958年	鳩ヶ谷町議会が川口市への合併を議決するも、のちに取消決議採択	
1962年	美園村の一部が川口市に編入	
1967年		市制施行により鳩ヶ谷市となる
1983年	埼玉県南5市まちづくり協議会設置	
2003年	川口市・蕨市・鳩ヶ谷市法定合併協議会設置	
2004年	川口市が合併協議会から離脱、解散	
2009年	川口市・鳩ヶ谷市任意合併協議会設置	
2011年	鳩ヶ谷市が川口市に編入	

※各種資料により作成

ないのが人口も面積も大半を占めるリーダーの川口。何とその後、臨時市議会で合併協議離脱を正式決定してしまう。川口が抜けた時点で、この法定合併協議会は即解散となった。

鳩ヶ谷が受け入れた合併の条件とは？

しかし2009年、今度は鳩ヶ谷が川口に合併を申し入れ2市の合併協議会が設置された。

古い市民のみなさんならご存知かと思うが、実は鳩ヶ谷と川口は明治時代からの因縁がある（浦和と大宮以上の犬猿の仲でも有名？）。前頁の年表にもある通り、鳩ヶ谷は1940年に国策によって川口に強制的に吸収合併されている。しかし1950年に川口からの分離に成功する。1957年に知事から川口との合併を勧告されたが従わなかった。

つまり、鳩ヶ谷と川口には、過去にくっつき、離れ、くっつけといわれて、くっつかなかったりしたややこしい歴史がある。それでも両市は、再び合併の

川口とその周辺町村の分離・合併図

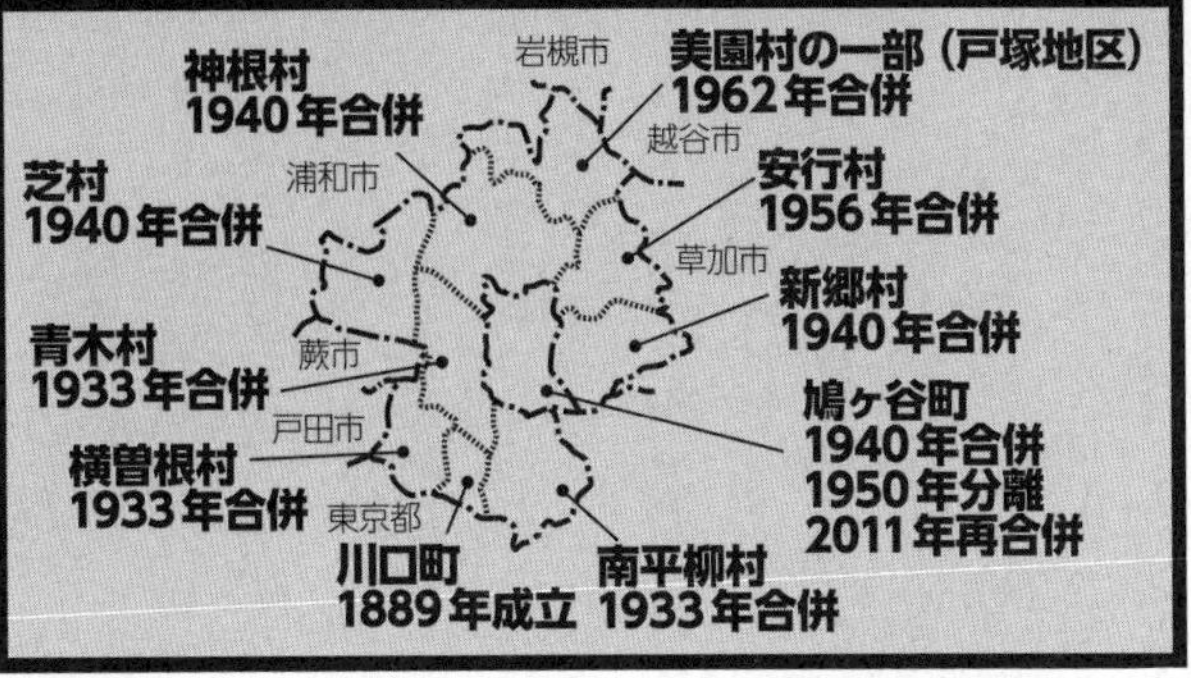

道を歩んでいったのである。

２００９年、鳩ヶ谷は川口に再度の合併協議を申し入れ、２０１０年には両市による法定合併協議会を設置した。ただし、この合併協議の前に、川口は鳩ヶ谷に合併の条件を出していた。それは川口が鳩ヶ谷のゴミを処理する代わりに、鳩ヶ谷は川口が排出するし尿を処理する施設を鳩ヶ谷市内に設置するというもの。要は川口の糞尿を鳩ヶ谷で面倒見ろという話だ。ややもすれば鳩ヶ谷市民にとって屈辱極まりない条件を提示されたが、鳩ヶ谷はこの条件を飲んだ。そして２０１１年に正式に合併。ついに鳩ヶ谷市は消滅して新・川口市が誕生。約束通り、旧鳩ヶ谷市内の八幡木には鳩ヶ谷衛生センターが建設されたのである。

なぜ鳩ヶ谷はあんなに嫌っていた川口と合併したのか？　おそらく鳩ヶ谷は、単独で生き残る体力がないことを悟っていたのである。そりゃあ、そうだ。県下でも指折りの財政難自治体だったというのに、身分不相応なでっかい市庁舎を建てちゃうんだから……。

でも、そもそも鳩ヶ谷はうまくすれば川口と互角に渡り合える市になれたはずなのだ。何しろ1889年の町村制施行の際、むしろ鳩ヶ谷の方が街としての格ははるか上だった。しかし、そんなポジションにあぐらをかいていた鳩ヶ谷をヨソに、川口は電光石火の早業で青木、南平柳、横曽根など周辺の村と次々に合併し、市制を施行した（県内で2番目の早さ）。こうして保守的な鳩ヶ谷は、即断即決で柔軟な思考を持つ革新的な川口に逆転を許したわけだ。

なお、1950年に鳩ヶ谷が川口と分離した後、安行村が1956年に川口と合併した。この時、安行村は隣接する鳩ヶ谷と合併する選択肢もあったが、鳩ヶ谷の政情不安が嫌われて振られたようだ。鳩ヶ谷が1940年の強制合併前に神根や新郷あたりをうまくまとめて合併していれば、川口と互角に戦えた可能性があった。たぶん、ここがターニングポイントだったろうと思う。

そうはいっても、川口に絶対的なリーダーシップがあるわけではない。対鳩ヶ谷戦略はうまくいったが、蕨との合併は失敗に終わっている。その要因は川口の「おごり」だ。蕨は中山道の宿場町としての歴史があり、日本一小さな市でありながら孤高を守ってきたプライドもある。その歴史ある街に対して、「多数決で決まったのだから川口に入りなさい」という理屈は通らない。そんな上から目線が大川口市構想を破綻させたように思う。

２０２１年４月現在、１９８３年の協議会参加５市の人口を合わせると約１０７万人。仮に川口が１００万都市（政令市）の野望を捨てていないのならば、相手を対等に扱うスタンスを持つことが肝要ではないだろうか。

ちなみに「埼玉県南４市まちづくり協議会」は存続している（鳩ヶ谷が消滅したため５市から４市に名称変更されている）。果たして、どうなる？

川口市コラム 1

幻の鳩ヶ谷藩

本文で述べたように、江戸時代の川口市域には大藩は成立しなかった。しかし、江戸時代の初期には、鳩ヶ谷に藩が存在した時期がある。

1590年、豊臣秀吉による小田原征伐（後北条氏との戦いに勝利）後、徳川家康が関東に入封した。その際、家康は家臣の阿部正勝に鳩ヶ谷5000石の領地を与えたのである。

この正勝は、家康がまだ今川義元の人質だった時代から家康に仕えた譜代の家臣だ。家康と苦楽をともにした股肱の臣といえるだろう。その後、1600年4月、正勝は大坂で没する。その後、阿部家の家督は子の正次が継ぎ、鳩ヶ谷の遺領を引き継ぐことになった。

そして、この年の9月、関ヶ原の戦いが起きた。もともと関ヶ原の戦いは、家康が会津征伐を企図したことに端を発している。会津の上杉家を攻めるため

に伏見を発った家康は、東海道を東進して江戸に至り、さらに鎌倉往還で会津へと進軍していった。このとき、家康と秀忠の父子は鳩ヶ谷で1泊している。

家康が京を留守にした際に、その隙をついて豊臣政権の五奉行・石田三成が家康を告発する（内府ちかいの条々）。家康討伐の軍を起こし、徳川氏の伏見城を攻撃した。

すでに鳩ヶ谷をあとにしていた家康は、下野国小山（栃木県小山市）で三成挙兵の知らせを受け、会津討伐に同行していた諸将と会議をする。これが有名な小山評定だ。小山評定では会津討伐の中止と、三成討伐が決定する。

かくして家康軍（東軍）は反転し、今度は

東海道を西進することになり、美濃国不破郡関ヶ原（岐阜県不破郡）で三成軍（西軍）と激突するのであった。

阿部正次は、この関ヶ原の戦いで手柄を挙げている。戦後の論功行賞では相模に5000石の領地を加増され、阿部家は鳩ヶ谷と合わせて計1万石を治める大名となった。これに伴って、鳩ヶ谷藩が立藩することになったのである。

正次はこの後も大番頭や伏見城番などを歴任し、さらに大坂冬の陣（1614年）では一番槍や一番首を挙げるといった大活躍を果たした。その結果、戦後の論功行賞では「戦功第一」と賞され、3万石にまで加増されたのである。

そして1617年、正次は上総国（千葉県）の大多喜藩へと移封され、その際、鳩ヶ谷藩は廃藩となった。以降、鳩ヶ谷は川口市域のほかの地区と同様、幕府の天領となる。わずか30年足らずのごく短い期間、正勝と正次の2代だけ存在したのが鳩ヶ谷藩なのである。

江戸時代には無数の藩が成立しては廃藩していったが、その多くはお取り潰しによるものであった。それを考えると、鳩ヶ谷藩はわずか2代ではあったが、阿部氏の出世を支えた縁起のいい藩だったといえるだろう。

第2章
川口市って どんなトコ？

ランキングとは無縁の街が「住みやすい街」ナンバーワンに!?

「○○ランキング」にはハナから興味なし!?

川口は基本的に「○○ランキング」とは無縁の街だった。たとえば、東洋経済新報社が毎年発表している「住みよさランキング（総合評価／2020年）」で、川口は全国400位（県内13位）である。ちなみに、埼玉県の首位は全国87位の戸田市で、東松山市が2位（同129位）、さらにふじみ野市が3位（同161位）という順。隣接するさいたま市は県内ベスト3から漏れ、4位（同188位）でフィニッシュしている。埼玉県の各都市は総じて評価が低めなのだが、それにしたって、人口60万人を抱え、バツグンの交通利便性や地価の上昇率、人口増減率を考慮してもこの数字なのだから、やるせなさが募るばかりである。

くわしい指標を見てみると、川口の評価を著しく下げているのは、安心度（全国742位）である。この指標は、医療、福祉、子育てに加え、人口当たりの犯罪件数と交通事故件数も含まれている。医療や子育てに関してはそこそこ充実しているのだが、何せ人口当たりの犯罪件数と交通事故件数という2点に限っては、イメージ通りによろしくない。

また、SUUMOによる「住みたい街（駅）ランキング」（関東／総合／2021年）で川口は34位タイ。4位の大宮、8位の浦和、15位のさいたま新都心には大きく水を開けられてしまっている。そのため、地元民は「〇〇ランキング」なんてものには興味がそそられないのだ。

狭い市域に住宅が林立している

こうしたランキングの低調ぶりは、隣接する蕨市ともども、決して広くない市域やエリアに人が集中して住んでいることにも起因していそうだ。

川口は、東京23区を除けば、人口密度が全国で16番目に多い（首位は蕨市！）。そうしたなか、都心への鉄道路線は、事実上、京浜東北線と埼玉高速鉄道しかない。しかも大半が京浜東北線利用者となれば、朝夕のラッシュ時は阿鼻叫喚のそれとなる。せっかく「住みよさ」を期待してきた新住民（とくにサラリーマン）らが、「住みにくい（正確には会社へ行くのが嫌な）」思いを抱いてしまうのも道理であろう。

また、狭いのは市域だけではない。東洋経済新報社の『都市データパック』によれば、川口の「1住宅当たり住宅延べ床面積」は73・41平方メートルで、全国814都市中757位という低水準である。さらに「持ち家世帯比率」も59・9パーセントと全国672位。もちろん、市内に豪勢なマンションや豪邸もあるが、平均的な川口市民は、標準より狭いスペースで暮らしているというわけだ。

かつて工場の街として都市生活を支えた川口は、急速な人口増に応えるべく工場の移設や閉鎖、タワーマンションを含めた宅地造成を繰り返し、都市としてより巨大化した。ところが、皮肉にも人口増のスピードと量が想像を超えてしまい、「住みよい環境づくり」が追い付いていかなかった。

川口における人口と暮らしのバランスでいえば、医療環境もあまり良くない。「人口1万人当たり医師数」は14・42人で全国569位、「人口1万人当たり病院・一般診療所数」は5・84で同737位と、高齢化が指摘される我が国にあって不安なデータもチラホラ。実際、川口市立医療センター、済生会川口総合病院、川口工業総合病院といった総合病院はいくつかあるが、都市化・宅地化が進む川口で、駅近くに立地する利便性の高い病院はあまりないのが現状だ。

投票率の低さに見る新旧住民のバラバラ感

さて、話はちょっと変わって、2019年4月に行われた川口市議会選挙は、定数42に対して58名が立候補。大阪府知事&市長選での連勝を追い風に挑んだ日本維新の会が2名落選するなか、自民党19議席、公明党10議席という保守圧倒の構図は変わらなかった。

新住民が多い土地ながら、川口が超保守王国を保持する背景には、新風を好まない原住民の積極的な選挙運動に加え、新住民の選挙への無関心さもある。もともと埼玉県は国政選挙の投票率が全国ワーストクラス（2017年の衆議院選挙は51・44パーセントで全国38位）で知られるが、そんな率よりずっと低いのが川口市議選の投票率。先の市議会選の投票率は34・08パーセントで、総務省が発表した統一地方選後半戦の283市議選の平均投票率45・57パーセントを大きく下回っている。

原住民の多くは「お付き合いもあるから」と選挙に出向くものの、ヨソからきた人には「誰が勝ってもいい選挙」と足も向かない。

実際、川口駅近くで複数の主婦（30～40歳代）に選挙について話を聞いてみたが、「選挙？　市議会はどのみち地元が川口、古い方たちが必死になるもの」「選挙には行きましたが、選挙結果をしばらく知りませんでした（笑）」など、選挙には無関心だ。

投票率の低さと住みにくい街に直接関連はないが、ここに川口の新旧住民のまとまりの無さや、新住民の川口への愛着の無さが垣間見える。

川口がナンバーワンに輝くランキングがあるって本当!?

と、ここまでマイナス面ばかり取り上げたが、そんな川口がまさかのトップに立ったランキングがある。住宅ローン会社「ＡＲＵＨＩ（アルヒ）」による東京、神奈川、千葉、埼玉の1都3県を対象にした「本当に住みやすい街大賞」で、２０２０年、２０２１年で2年連続トップに立ったのだ。これまで東京、神奈川どころか千葉の後塵を拝してきた埼玉の1都市が、トップに選ばれるなんて、どんな確変が起きたのだろうか。

その理由は、この「本当に住みやすい街大賞」の選出方法にある。このランキングの肝となっているのは駅単位という点。川口市全体を指すのではなく、あくまでも「川口駅周辺」を指している。また、実際に住宅を買った人の数をベースにしているという。同社は「住みたいけど住めないという人気投票のようなランキングとは違った結果になっている」と説明。要するに、「実際に住む人が多い」というランキングに近いと考えられるだろう。

川口駅周辺の最大のメリットは、交通利便性である。川口駅から東京駅までは京浜東北線で約30分。品川へは同じく35分、新宿までは赤羽乗り換えで約25分。さらに地下鉄・南北線直通の埼玉高速鉄道を使えば、川口元郷駅から市ケ谷駅まで約25分。それでいて住宅価格も都内より若干お手頃なのだから、都心へ通勤通学する人たちが、川口にこぞって居を構えるのも頷ける。まあその結果が人口60万人突破であり、川口がキングオブベッドタウンとも称される由縁だ。都心でリモートワークが進んだため、通勤ラッシュも少なくなりつつあるし、川口駅周辺は実際の暮らしを考えればメリットが大きいのだろう。

この件について、都内で共働きという川口在住の30代夫婦に話を聞くと「子供がいないので週末は十条や赤羽で飲んで帰ってきたり、ゴルフをするにも高速道路が近いから車移動が便利。なかなか快適です」とのお答え。夫婦でマイペースに暮らすには格好の街ということか。

とはいえ、やはりこのランキングが「川口駅」に限定されているという点も見逃せない。外国人と風俗にあふれた西川口駅だったり、鉄道の利便性を完全に捨て去った東川口駅周辺は含まれていない。だが、実際はこれらの駅周辺も川口の一部だと考えれば、「本当に住みやすい街大賞」は、局地的な評価にす

住みたい系ランキングでは下位に低迷することが多いが、まさかの1位獲得に住民たちはいまだに信じきれていない

ぎない。まあ、当の川口市民も「なんで⁉」って言ってるぐらいだしね。

さて、川口駅周辺は再開発計画が進展している。どうやらまた新しいタワマンもできるみたいだし、これだけの交通利便性を持つ駅は、1都3県のなかでも、同じ京浜東北線が通る川崎駅周辺ぐらい。どちらも圧倒的な利便性を武器に、急速な住宅開発で住民を増やし、成長を果たしてきた街である。

だが、こうした急速な発展には思わぬ弊害が生じることもある。次項では、その弊害について論じていきたい。

川口タワマン住民が不安視する災害時の危険とは？

街の成り立ちが似ている川口と武蔵小杉

川口市内には、全部で20棟のタワマンが林立している。都心近郊のベッドタウンのなかでも、これほどタワマンが充実している街はそうそうなく、言うなれば川口発展の証でもある。だが、近年の自然災害の多さに、タワマンが仇となりかねないのでは、と住民に不安が広がっている。

不安の種が萌芽したのは、２０１９年10月に発生した台風19号による豪雨被害だ。川口と同じように、タワマンが林立する武蔵小杉で、下水があふれ返るという事態に陥った。駅周辺や地下通路など、ひどい臭いを発する汚泥に覆われて、街の機能は一時停止。大々的に報道されて、武蔵小杉のイメージはガタ落ちとなった。タワマンでは数週間もトイレが使えなくなるなど、大変な目にあったという。現在は川崎市を相手取って、武蔵小杉の住民たちが裁判を起こし、泥沼化の様相を呈している。そんな武蔵小杉の二の舞を踏むことになりゃしないかと、川口市民たちはおびえているのだ。

確かに、川口と武蔵小杉は街の成り立ちからして、よく似ている。第1章でも述べたように川口は、かつて鋳物工場が立ち並ぶ金属工業のメッカであった。一方、昭和年代までの武蔵小杉には、NECや不二サッシ、東京機械などの大工場が点在し、駅周辺には労働者があふれ返っていた。ともにブルーカラーの街として、にぎわっていたのだ。

ところがバブルが弾け、製造業が下火になると、どちらの街でも工場の撤退が相次ぎ、跡地活用が大きな問題になっていた。そうした土地を大手デベロッパーが次々と買い上げ、タワマンラッシュの時代を迎えた。こうして労働者の街からベッドタウンの色彩を濃くしていった（武蔵小杉のほうが若干セレブ感は強いけどね）。およそ20年の間に、街が様変わりしたのである。

しかし、急速に街の景観が変わっていく一方で、近年に至るまで生活インフラの見直しはほとんどなされてこなかった。再開発というと聞こえはいいが、実のところ、2000年代当初の開発計画は、ほとんどが大手デベロッパー主導によるものだ。そのため武蔵小杉の例では、どんどん増加する人口に対し、自治体による下水道などの生活インフラの整備はまったく追いついていなかった。こうした不備が、豪雨被害を拡大させる一因となった。

水害リスクは高いけど対策はけっこう念入り！

一方の川口はどうなのか？　水害という意味で真っ先に頭に浮かぶのは荒川だ。名前の由来は「荒ぶる川」で、江戸期から大正期にかけて、たびたび大洪水を引き起こしている。とくに1757年に氾濫した際は、約120センチ以上もの高さの洪水が押し寄せ、海のようだったという記述さえある。実際に川口が公表しているハザードマップを見ると、川沿いの元郷〜領家、宮町や原町などは軒並み家屋等倒壊危険地域に含まれている。それどころか川口駅、西川口駅、川口元郷駅、南鳩ヶ谷駅に至るまで浸水すると予想されている。ちょうどタワマンが林立し、商業も行政機関も集中している地域が丸ごと浸水すると考えられている。街が機能不全に陥るのは明白だろう。川口が武蔵小杉の二の舞になるリスクは少なからずある。

だが、川口では下水が氾濫する危険性が軽減されていることをご存知だろうか。実は、2018年にアリオの隣にある並木元町公園の地下に、巨大な雨水調整池を建設していたのだ。この調整池は、25メートルプール16杯分の雨水を溜めることができる優れモノ。台風19号の際には、ほぼ100パーセントまで雨水が溜まっていたらしい。つまり、この調整池がなければ、おそらくアリオ周辺は武蔵小杉と同様に下水があふれ返っていた可能性が高いそうだ。

新住民はあまり知らないかもしれないが、川口は2009年の台風9号による豪雨被害で産業道路が冠水するという事態に見舞われたことがある。古くから住んでいる旧住民は、川口は水が溜まりやすい土地だと知っていたのだ。このときの教訓をもとに、いち早く水害対策を打っていたことが功を奏した。

荒川の氾濫対策でも、全長8キロにも及ぶ荒川第一調整池が整備されており、近年の大型台風による被害を最小限に食い止めている。川口にしては、なかなか計画的なまちづくりである。

ただ、いずれの調整池も台風19号では、限界ギリギリだった。そのため新たな調整池の整備も行われている。というわけでまさしく想定外の雨量を記録しないかぎり、武蔵小杉の二の舞になる可能性は低いだろう。

しかし、全国から集まってくる新住民は、川口が入念な災害対策をとっているため、危険意識が薄いかもしれない。安心しきっていると、人智を超えた災害が発生した際、思わぬ混乱を招くこともあるから要注意だ。荒川が危険な川であることに変わりはないし、万が一の事態になれば、川口の中心部が丸ごと浸水する可能性だってゼロではない。行政の細やかな対応にあぐらをかくのではなく、自分が住んでいる地域に、どんなリスクがあるのかを知り、もしものときの対応策を考えておくことが肝心だ。

タワマンの数だけなら武蔵小杉より川口のほうが多い。もし大規模な水害が発生したらどうなってしまうのか？

荒川の氾濫対策にはけっこう力を入れていて、武蔵小杉よりも水害対策は充実している。台風19号でもほぼ無傷だった

東京がすぐ近くなのに鉄道網は意外と脆弱

ホーム1本は限界　湘南新宿ラインを！

川口町駅（現・川口駅）が開業したのが1910年。これは、日本鉄道開通時に開業した浦和（1883年）や少し遅れて開業した大宮（1885年）はともかく、蕨（1893年）よりも遅く、危うく与野（1912年）にも負けそうになったほど。日本鉄道開通時から駅開業の陳情を必死にしていながら、日本鉄道開通から27年後の駅開業という屈辱は、後の川口駅の運命を暗示しているかのようであった。

川口市内で2番目に開業したのが西川口駅（1954年）。こちらも請願した末にできた駅で、どうも川口は駅受難の街である。

西川口駅の開業は、川口オートレース場がその2年前に開設されたのが大きかった。西川口は1960年代に「鉄塔横丁」ができ、1970年代にはのちに「NK流」で一世を風靡する風俗街が形成。「飲む・打つ・買う」の三拍子そろった欲望の街が完成した。当時、「川口？　ああ、西川口があるところでしょ？」と、本家の川口よりも西川口の知名度が高くなるというトホホな現象も起きた。

次に市内で開業したのが武蔵野線の東川口駅（1973年）。しかし、この駅は川口朔北の地・戸塚地区にあり、川口先住民にも馴染みがない。また、川口や西川口から東川口へ移動するには旧浦和市内を通る必要があるため、どうも川口市内の駅という感覚が希薄。さらに、当時の武蔵野線は本数が少なく使い勝手も悪かった。

そして、旧鳩ヶ谷市民の悲願であった埼玉高速鉄道線が2001年に開通、5つの新駅が開業した。ただし、初乗りが210円、鳩ヶ谷～赤羽岩淵間が310円と割高なこともあって、悲願といっておきながら、いざ完成してみると、熱が冷めるのも早かった。

駅別利用者数、1日あたりの駅乗降客数（人/日）

路線名	駅名	利用者数
京浜東北線	川口	169,062
	西川口	117,142
	蕨	123,052
武蔵野線	東川口	73,246
埼玉高速鉄道	川口元郷	20,400
	南鳩ヶ谷	15,900
	鳩ヶ谷	23,200
	新井宿	11,500
	戸塚安行	16,000
	東川口	32,400

※国土数値情報ダウンロードサービス駅別乗降客数2019年度令和1年データと各種資料を元に作成

で、川口といえば避けて通れないのが「中距離電車が停まらない問題」だ。湘南新宿ラインを筆頭に中距離電車は大宮、さいたま新都心、浦和と停車。そして、川口は通過し、川を越えて赤羽に停車する。中距離電車が全速力で通過する光景は、川口市民にとって屈辱以外の何物でもない。

それに、約17万人の川口駅（県内3位）の乗降客をさばくのは京浜東北線のホーム1本では限界だ。通勤ラッシュ時の川口駅のホームは人であふれ、入場制限までするほど。対する浦和駅（県内15位）の乗降客は約10万人だが、こちらは京浜東北線・中距離路線・湘南新宿ラインとホームが3本。となると、当然「何で大宮、浦和に停車する中距離路線が川口に停まらないのか？」という不満が起こる。

その不満に対し、川口サイドも積極的に動いている。2009年から署名運動を始め、川口選出の閣僚経験のある議員センセイや市長もJR東日本本社へ陳情に訪れている。実際、川口駅に中距離電車ホームの新設工事は可能なのである。これはJR東日本も認識している。しかし用地提供、工事費はすべて川口市負担という条件でありながら、JR東日本はなかなか首を縦に振らない。

JR東日本が消極的な理由には、「快速電車としての速達性を損なうため、川口駅と赤羽駅の連続停車は難しい」という理屈がある。が、ちょっと待った！それならば、大宮と浦和の中間に「さいたま新都心」なる新駅を造り、そこに停車させたことはどう説明するの？ 大宮〜さいたま新都心間は1・6キロ。一方、赤羽〜川口間は2・6キロ。「近いから中距離電車を停められない」という論理は破綻している。

日本鉄道開業時から苦汁を舐めさせられている川口。100年以上経過しても状況は変わっていない。どうしても停めないのであれば、暴挙なのは覚悟の上で、川口市内の湘南新宿ラインを封鎖するしかない（笑）。

都会なのにクルマ無しでは生きられない!?

アクセスよし！　充実の高速道路網

川口市は東京に近く、狭い面積に今や60万人がひしめく大都会である。しかし鉄道は、2001年に埼玉高速鉄道線ができるまでは、西の端を京浜東北線、北の端を武蔵野線が走り、それ以外は陸の孤島ばかりの鉄道空白地帯だった。となると、駐車場代やガソリン代もバカにならないが、どうしても生活に必要なのがマイカーである。地域差はあるけれど、かつての川口は「マイカーなしでは生きられない街」でもあった。

そして、多数のマイカー族を応援するように、市内には続々と高速道路が通った。市を南北に走っている首都高速川口線は、東京都足立区の江北ジャンクションで中央環状線と接続し、川口ジャンクションは東京外環自動車道、東北自動車道とつながっている。

川口市内からは東領家、新郷、安行、新井宿（首都高速川口線）、川口西、川口中央、川口東（東京外環自動車道）といったインターチェンジを使えば、都内はもちろん常磐道、東北道、遠くは関西や九州まで車で向かうことができるようになった。

交通の中心だった日光御成道は今？

ただ、今のような高速道路網ができる前、川口の交通の中心になっていたのは、市のほぼ真ん中を通る日光御成道だった。

この道は、江戸時代、徳川将軍家が徳川家康を祀る日光東照宮に参るための専用道路。現在では国道122号となっているが、川口市内には川口宿、鳩ヶ谷宿のふたつの宿場があった。川口宿は、鎌倉時代に建てられた川口善光寺の門前町や荒川の渡し場の宿として古くから栄えていた。次の鳩ヶ谷宿には、当時の宿場を思わせる古い商家などを今でも見ることができるが、ＪＲの駅周辺の繁華街とは距離が離れているため、活気がなく寂れている。

現在では街道直下を埼玉高速鉄道が走っているが、このあたりがかつては鉄道空白地帯だった地域で、もともと近隣駅や赤羽方面に向かうバス網が発達していた。そして、今も昔も高校生や高齢者は、実際にバスを頻繁に使っている。それならば、駅への移動などはマイカーでなくてもよさそうなものだが、「川口ではやっぱりマイカーが必要」という声が根強くある。それはなぜなのだろうか？

実際にマイカーを手放せない人は「京浜東北線の川口、西川口、蕨駅に徒歩で行ける距離ならともかく、バスで駅まで通勤しなくてはいけないようなところなら車がないと」と強調する。かつて川口では通勤通学客がバスに集中、朝夕、駅の周辺では大渋滞が発生していた。埼玉高速鉄道ができた今、多少渋滞は緩和されたものの、時間帯によってはバス停に長い列ができるのは相変わらずだ。

また、川口では公共施設や駅、医療機関を結ぶコミュニティバス「みんななかまバス」を運行しているが「本数が少ない」「もっと路線を増やしてほしい」という声が市に寄せられている。このようにバス通勤が苦行じゃ、マイカーで移動したくなるというものだ。

マイカーのある生活を選ぶ人々

しかし「川口で暮らすのならマイカーが必要」な理由は、それだけではない。「せっかく川口に暮らしているんだし、便利な高速を使って家族旅行をしたり、ゴルフやドライブなどレジャーを楽しみたい」という若年層のファミリーは多い。また、職人風の男性からは「車を使う仕事に就いているから川口に引っ越してきた」なんてコメントも。同様の意見は、川口駅周辺だけでも相当数あった。

要するに川口は、車無しで生きられない街というより、車を普段よく使う人が住むために選ぶ街なのだ。市のホームページには「首都高速川口線、東京外環自動車道など車でのアクセスも抜群！」と書かれている。要はマイカーを利

川口は交通量も多けりゃ事故も多い。神根周辺の県道をかっ飛ばす軽トラに煽られたときは、恐怖を通り越して笑ってしまった

用したアクティブな生活がしたくて、道路網が充実した川口に越してきている人が存外に多いのだ。

川口は幅員も広いしコインパーキングや月極駐車場も充実、車があれば確かに便利な街だ。さらに、広い駐車場を持つ商業施設も多く、移動にも不便はない。しかも、維持費用や利用頻度を考えると、マイカーよりカーシェアの時代に差しかかっている昨今、カーシェアが備わっている川口のマンション暮らしは快適かもね。

ただこんな都心に近いのに車社会なんて、やっぱり川口は田舎っぽい街なのだ（ヤンキーも多いしね！）。

ヤバいエリアはあるのに治安は意外とマシ？

外国人に風俗街……川口は危険だらけの印象だが

２０１８年の埼玉県の刑法犯認知件数は４万４４８５件で、前年比で１万１０１２件（19・８パーセント）も減少した。過去最悪を記録した２００４年の18万１３５０件と比較すると、13万６８６５件（76・５パーセント）も減らしているのだから、一般市民の防犯意識向上もそうだが、川口市、そして何より埼玉県警察当局の仕事の成果といえるだろう。

ひるがえって川口市はどうか。川口は、決して広くない市域に外国人が３万人超もひしめき合う人種のカオスだ。しかも、西川口周辺では外国人によるルール無視のゴミ出しが問題となっているほか、川口オートレース場はあるし歓楽街、とりわけソープランド（風俗）街も現存する。駅東口などには、駅に近いのに昼間も妙に暗い場所もある。こうした、主に西川口のイケてない光景を見ると、とくに市外に暮らす人々は、川口にダークで危険なイメージを抱いてしまうことだろう。

実際に、「川口は埼玉県の市区町村では、最低ランクの犯罪危険都市なんじゃないの？」と、勘ぐる人がいてもまるで驚けない。そこで実態を見てみるとしよう。

県の傾向と同様、2004年に1万6314件あった川口の刑法犯認知件数は、ほぼ年々減っていき、2020年には4083件と約4分の1にまで減少している。加えて、全刑法犯罪の3分の1にあたる1624件は、ひったくり・オートバイ盗・自転車盗・自動車盗・車上ねらい・住宅侵入窃盗・自動販売機狙い・路上強盗・部品狙い……といった、凶悪・凶暴とまではいかない8罪種である（とはいえ、犯罪は断じて犯罪であることを付記する）。殺人・放火などの凶悪犯は例年、ひと桁の件数にとどまっている。

件数は多いけれど犯罪発生率は12位？

が、川口の犯罪認知件数4083件は、埼玉県の全市区町村で圧倒的1位の悪しき数字。犯罪に大小などないとしたとき、川口こそはダークネス、事件多発地域であった。その数たるや、2番目に悪い越谷市（2522件）より1561件も多いのだからぐうの音も出ない（さいたま市を10の行政区に分けなければ、同市がワーストだけど）。

とまあ数字だけ追っていると、減ってもなお多い犯罪件数に川口市民は恥じ入るばかりだろう。しかし、人が増えれば犯罪や揉め事が増えてしまうのは世の常。大きな歓楽街を持つような市では、起こらないに越したことはないが、犯罪は起こってしまう。たとえば、大宮駅東口に県下随一の歓楽街が広がるさいたま市大宮区は、1区で犯罪認知件数が1524件を数えている。

つまり、いかに危ない街か、犯罪が起こる度合いを知りたいのなら、単純な数字比較ではいけない。犯罪の傾向などをつかむには「犯罪認知件数を人口で割った犯罪率」で語るべきだろう。

すると、2020年データでワースト1位は前出の大宮区。犯罪率は16・6と2番目に悪い蕨市の11・3のはるか上をいく。

そして、犯罪率ワースト3位が、川口の北東に位置する越谷市で9・7。以下、4位・八潮市、5位・三郷市、6位・滑川町、7位・戸田市、8位・草加市、9位・新座市、10位・春日部市、11位・宮代町と続き、12番目に登場するのが川口市で8・5（対前年比1・6減）だ。

やっぱりそうだった！　西川口で犯罪多発!!

犯罪率がイメージほどは高くない川口だが、実際に市内のどのあたりで犯罪は起こっているのか（データは2018年）。

答えはズバリ、346件の栄町1～3丁目、345件の並木1～4丁目のほか、312件の西川口1～6丁目、251件の前川1～4丁目、153件の戸塚1～6丁目、145件の東川口1～6丁目、137件の芝1～5丁目、133件の安行領根岸。おもに、商業施設の集積地域や外国人多住地域で多発しているのがわかる。

続いて、認知件数1623という自転車盗の発生場所を見てみよう。これは想像通り市内各所で起きているが、とりわけ多いのは並木2〜3丁目（108件）、西川口1丁目（51件）の西川口駅エリア。ほかでは、イオンモールのある前川1丁目（58件）、飲食店やスーパーの多い戸塚2丁目（53件）、蕨駅北東部の多国籍地帯・芝新町（40件）だ。

埼玉県によれば、「盗まれた自転車の5割以上が無施錠」で、「自転車盗発生場所の約3割は自宅敷地内」なのだという。そこで埼玉県や県警察は、「買い物などわずかな時間でも必ず施錠」「自宅敷地内に駐輪する時も必ず施錠」「オートバイはハンドルロックをしっかりかける」「ワイヤーロック等を併用して、二重に施錠」「管理人のいる駐輪場を利用」などと注意喚起している。

川口には、生き馬の目を抜く俊敏さで、他人様の自転車を盗む不逞の輩がやけに多い。ここで、犯人を外国人に求める市民も少なくないが、実態は不明だ。ともかく、西川口エリアでは管理人がいる駐輪場でさえも、ワイヤーなどの二重ロックを半ば必須としていることに異常さが表れている。

いずれにしても、主に鉄道空白地帯に住む輩が、平気の平左で、人様の自転車を漕いでいる姿が目に浮かぶ。何百円かのバス賃を浮かせたいのだろうか。「ちょっといい自転車が狙われるんです。わたしは普通のママチャリですが、父はちょっといいのに乗っていて……。駅前の駐輪場で、1度だけでなく結局3台も盗まれています。自宅からは自転車が楽なんですが『もう嫌だ』と、仕方なくバスを使っています」

毎日、川口駅を利用している20代女性の言葉だ。驚くことに、高級自転車を転売するのだろうか、管理人がいても盗みは起きているようだ。川口市では、2016~2018年の3年間で計400台の防犯カメラを市内に設置したというが、盗人は設置場所を知った上で犯行に及ぶのか、あるいは、映っていても捕まるまいという暴慢さの表れか。まるで自転車泥棒天国の東京都大田区蒲田のようではないか!

凶悪犯罪も、およそ犯罪件数に比例するとすれば、発生地域は川口駅東口や西川口エリアがもっとも多いと見られる。結局のところ、川口の犯罪の震源地はこれら2エリアというほかにない。

駅周辺で自転車盗難が多いのは大都市の宿命。市内ですれ違った改造デコチャリ中学生とか、けっこう怪しいよね……

また、２０１８年、埼玉県内の振り込め詐欺発生件数は１４２０件（前年比１９７増）で被害金額は約25億円に達した。このうち川口市内では１２４件（前年比14増）で約２億円の被害にあっている。豊富な不動産を抱えていたり、タワーマンションで暮らす裕福な高齢者らはくれぐれも注意を。普通の人間が、暗証番号を聞き出すことなんてありませんよ！

川口市民は若い人が多いのに平均寿命が短い!?

なんで平均寿命が短いの?

人口が増える川口市。都心に近く交通の便も抜群。スーパーはあるし住むにはバッチリ。川口なら健康な老後もと思いたくなるが、そうでもない。

まず、川口市民の年齢構成を見てみると、２０１９年1月1日現在、人口の約65パーセントを15〜64歳の「生産年齢人口」が占めている。これは、埼玉県平均（61・7パーセント）や全国平均（59・6パーセント）と比べて高い水準にある。つまり川口は、ヨソよりも若者が多く住む街だということがわかる。

ところが、市民の平均寿命は男性79・８７歳、女性86・３１歳と男女そろって埼玉県の平均寿命を下回っているから驚きだ。これを反映し、65歳健康寿命

（65歳からあと何年自立して健康で生きられるか）は、男性が16・６５年、女性が19・７５年と、男女とも埼玉県の平均より短いデータが出ている。しかもこの数値、埼玉県の全63市町村中、男性は61位、女性は58位というから、ある意味ですごい。その半面、65歳以上の要介護期間（２０１６年）は、男性１・９４年、女性４・０２年と埼玉県平均（男性１・７７年、女性３・６９年）より長いのだという。

つまり、川口市民は埼玉県の平均より短命で、要介護期間が長いってこと。バリバリ働いた挙げ句、お先はあまり明るくないなんてヒドいぞ！

なお、主な死因であるガン、心疾患、脳血管疾患による死亡率は、川口の場合、男女ともすべて埼玉県の平均を上回っている。

検診受診率が低い原因は医師不足？

なぜ、川口の平均寿命が短いのか？　ひとつは、病院不足が考えられる。日本医師会によると、川口市の人口10万人あたりの一般診療所数は48・４３

医師不足もあるけど、川口に住む高齢者は職人気質が多いので、「病院なんてしゃらくせぇ！」という病院嫌いも多い（らしい）

で、全国平均の68・14を大きく下回っている（2018年11月現在のデータ）。病院数も全国平均6・52に対し、川口市は3・46。そのため市内にいくつかある総合病院はいつも混雑しているし、住まい近くにかかりつけ医を見つけようにもそれが少ない上に、あったとしてもまた混雑。これが面倒くさくて、調子は悪いが病院はいいや、となる。もちろん、川口は交通の便がいいから、都内や隣県の病院を利用する人もいるだろう。でも、身近な病院の存在は重要だ。

病院の少なさを反映してか、川口の国民健康保険加入者（2016年で市民の25・6パーセント）の健康診断受診率がよろしくない。生活習慣病やその前兆であるメタボリックシンドロームを早期発見、改善するため40～74歳を対象に実施している「特定健診」の受診率は、全国平均36・6パーセント、埼玉県平均38・9パーセントに対し、川口市はたったの33パーセント。一方、メタボリックシンドローム該当者は、全国平均17・4パーセント、埼玉県平均17・3パーセントに対し、川口市は18・9パーセントと高い「健診を一度も受けていない人の入院医療費は、毎年受けている人の約2倍かかる」（2018年、川口市）という指摘もあるから笑えない。

そこで川口市は、2011年に血圧、血糖、脂質、腎機能が医療受診を勧められる数値なのにもかかわらず未受診の市民に、生活習慣の改善や受診ができるよう通知したり、電話で受診を勧めて保健指導を行ったりする事業（特定保健指導以外の保健指導事業）を立ち上げた。現状、目立った効果はないようだが、周囲から「人は多いが短命な街」なんていわれる前に、行政は病院誘致を、市民は健康意識を変えていかないとダメなんじゃないの？

優秀なのに何かが足りないハンパな川口行政

過去最大の予算額も地方債もしっかり増

川口市は人口60万人超。働き盛り世代の流入が多いこともあり、一般会計（令和元年度：２１３６億２２００万円）の歳入に占める市税の割合は45・６パーセントにのぼる。歳入の半分近い９７４億１４５３万円を個人・法人の市民税、固定資産税、市たばこ税などでまかなっている。

また、市税の収納率は平成27年度の91・２パーセントから年々向上し、令和元年度は98・８パーセント。そして何より令和元年度の当初予算は過去最高額を更新。平成27年度の約１７６２億円に対し、わずか４年間で約４００億円の予算増となった。この間、地方債残高は、約１４２５億円から１５０８億円と予算の増額分に対して小幅な83億円増に抑制されている。と、数字だけ見ると「人口増、高い市税の収納率を背景にした健全財政のもと、積極的な予算を編成」となる。だが、本当に健全なのか。どの自治体だって、といわれそうだが、現実的には借金が「83億円も」増えている。川口の新庁舎建設や、赤山歴史自然公園整備、川口市立高校の建設などのプロジェクトの履行などとは別の問題である。

自主財源の多さを示し、数値が高いほど財政力がある地方公共団体とされる財政力指数は、0・963。この数値は埼玉県の全市町村で4位とかなり上位ではあるが、指数が1を超えてこそ、国から普通地方交付税の交付を受けない「黒字団体」の評価を得られる。やや足りていない。

財政力指数について補足すると、実は川口、鳩ヶ谷との合併前の平成18〜21年度は1を超える不交付団体であった。翌22年度に交付団体になると、合併した23年度以降は合併算定替もあり交付団体のままに……。結婚（合併）後の生活は楽ではないようである。

見えない保留児童数……行政力は船橋が上？

さて今、各地のベッドタウンで問題となっているのが待機児童だ。２０２０年４月１日時点で、ワーストはさいたま市３８７人、朝霞市68人、和光市は55人と、ベッドタウンと呼ばれる街の多くは待機児童に悩まされている。しかし、川口市は２０１８年に82人だった待機児童数が大幅に減少。現在は38人とかなり改善されている。

川口市の推移を見てみると、２０１２年に１２３人だった待機児童は２０１５年には２２１人とおよそ倍増。その後は保育所などの定員を増やし減少に転じた。市では、２０１７年４月１日、前年比１０１４の定員増（全市区町村で17位）を達成している。さらに、２０１８年に33人増となった背景には、少なめにカウントできた旧定義から新定義に変更した影響もある。厚生労働省は２０１８年度から「親が育休中でも復職の意思がある場合は子供を待機児童に含める」としたため、以前よりは現実を反映したマシな数字になった。２０１８年の保育園定員数は９７４２人だったが、２０１９年には1万４５３人で、７・

3パーセントの増加。新規入園申し込み数が30件ほどしか増加していないのに比べて、かなりの定員増となった。

その背景には、市が認可保育所等の創設や整備に対する補助金を独自に給付する制度を設けたからも大きいだろう。一般的に保育園創設や整備に対する補助金は、国や市からの補助金だけだと4分の3までしかまかなえず、残りの4分の1は事業者負担となる。しかし、川口市は独自に補助金を増加させ、残りの4分の1も負担。つまり、事業者側の負担が実質ゼロになるのだ。積極的な施策が功を奏して、川口市の待機児童数は大幅な改善をしたと考えられる。

が、はたして待機児童数が現実的な数字であるかは疑わしい。希望する保育所に入れず認可外の施設に入った「保留児童」が相当数いるからだ。都合が悪いのか市は公表していないが、たとえば川崎市は待機児童数18に対し、保留児童数は2960人に達した（2018年度）。積極的な宅地開発ばかりでは今後、子育て世代離れなんてことが起きかねない。保育所問題は国策も絡む話だが、情報開示と積極的な対策が望まれる。

たとえば、同じ中核市の千葉県船橋市は、市独自基準で保留児童数を開示している。2019年は、待機児童数72人に対して保留児童数は451人だという。こうした点で遅れをとる川口だが、2市を比較すると、人口・世帯数、学校の数などが酷似。観光客（というか宿泊客？）は川口のほうが勝っているが、いずれもおよそいい勝負。見えない行政力で差をつけられている……と勘ぐってしまう。「信じられないことに、市内のパスポートセンターは西川口の駅前にしかないんです。数年前、初めてパスポートを取った時、すごく久しぶりに西川口行きました」。

これは、不便を訴える20代女性の言葉だが、暗に「風俗や中国人ばかりの西川口には行きたくない！」という本音も見え隠れする。インターナショナルな街・西川口にパスポートセンターがあるなんて川口らしいというか……。しかし西川口は、地域外の女性や子供にはこう言っちゃ悪いが今も抵抗感が強い街。行政機能の分散ってことかもしれないが、これってどうなのかしらん。計画着手から21年もかけて2006年に完成させた川口駅東口の複合施設であるキュポ・ラに、行政センターだけでなく、パスポートセンターも入れればよかったのに。

キュポ・ラに市役所の機能が移転したのは喜ばしいこと。どうせなら全部ここで完結できるようにしちゃえばよかったのに！

川口市は強固な財政基盤を武器に待機児童解消に熱心だ。独自の補助金制度を設けるなど、ファミリー世帯にはけっこう優しい

川口市コラム 2

殻を破れないスポーツ事情

埼玉県のプロスポーツといえば、さいたま市にホームスタジアムを構えるサッカーJリーグ、浦和レッドダイヤモンズと大宮アルディージャ、所沢市を本拠地とし「西鉄」時代から数えると日本一13回を誇る埼玉西武ライオンズがある。

サッカーを掘り下げると、埼玉県下では高校サッカーがかねてより盛んだった。とりわけ川口のすぐ北に位置する浦和には、「浦和を制するものは全国を制す」といわれた黄金期があった。県立浦和高校が1949年の国体に優勝したほか、1952年の全国高等学校サッカー選手権大会に初めて優勝すると、同大会では2年おいた後に2連覇を達成。浦和高校に牽引されるように、同じ浦和市内からは浦和西高校（1957年に選手権優勝）、市立浦和高校（1960〜1961年と連覇したほか選手権連覇V4）、市立浦和南高校（1969年、1975・1976年に選手権V3）といった強豪校が続々と生まれ、「浦

和4強」を形成した。
　選抜高等学校野球大会（春のセンバツ）では、1968年に大宮工業高校が埼玉県勢初の優勝を果たす。その後は優勝がなく、時を経て2013年、浦和学院が制している。また、2017年には、花咲徳栄高校が、県勢初の全国高等学校野球選手権大会（夏の甲子園）で優勝を飾った。
　埼玉では、とくに北部でラグビーが盛んだ。高校では熊谷工業高校と正智深谷高校が、全国高等学校ラグビーフットボール大会に優勝している。
　県下で実績のあるプロや高校スポーツに触れてきたが、川口市のチームも高校もまったく出てこない。サッカーではアヴェントゥーラ川口が埼玉県社会人1部リーグで奮闘しているが、知名度・実績ともにこれからの存在。野球はもちろん、大舞台で活躍するプロチームはない。ここに、北はさいたま市、南は東京というファンを奪い合うような市の立地で、そう簡単にプロチーム設立とはいかない現実が見えてくる。

これはアマチュアも同様で、周辺に強豪校がありすぎるがゆえに目立たない。私立高校がしのぎを削るなか、高校球児など県大会を勝ち抜くのはあまりにも厳しい道のりになっている。

そうしたなか、県立川口北高校の男子バスケットボール部の活躍を記しておく。2012年に県予選を制し北信越高校総体にに出場したほか、2012年から2018年にかけて6度関東大会に出場した。市内随一の進学校に見る文武両道の姿である。

こうした状況を鑑みるに、やっぱり川口は「スポーツはそこそこ」市というべきなのだろう。殻を破るようなチームが出てきにくいスポーツ勢力図にあって、素質・能力の豊かな子供たちは「さいたま市や都心など市外の強豪校へ進学する」のが川口っ子の王道となっている。

第3章
川口外国人のリアル

首都圏屈指の外国人タウンの見えざる不協和音

データで観る外国人増加の実態

川口が外国人タウンと呼ばれるようになって久しい。2015年から毎年2〜3000人レベルで外国人が増加し、2020年の外国人人口は3万8764人と過去最高を記録。県下最大の外国人を抱える都市となった。近年、首都圏で外国人は増加傾向にあるものの、これだけ外国人ばかりが増えている都市も珍しい。西川口のオッチャンが「エレベーターに乗ったら10人中7人は外国人だよ。しかも、カップルで日本語話しているヤツなんて最近じゃあ、とんと見ない」と言っていた。実際に筆者もそれと同様の経験をしたし、いかに川口（西川口）の外国人密度が高いか心底思い知らされた。そんな外国人による問題はいろいろあるが、それは後述するとして、本項ではまずマクロな視点から外国人増加の実態をデータから探っていきたい。

まず、川口市内に在留する外国人の出身国の内訳を見てみよう。圧倒的に多いのは中国人だ。その割合は約60パーセントにも及び、外国人の３人に２人が中国人である。西川口が「リアルチャイナ」と呼ばれるのも当然だ。次いで多いのがベトナム人で、近年２位の座をキープしていた韓国・朝鮮系外国人を抜いた。国による技能実習生の受け入れが増加していることから、新型コロナが収束した後、ベトナム人をはじめとした東南アジア系外国人は増加するだろう。

一方、韓国・朝鮮系外国人は近年減少傾向にある。西川口の某風俗関係者に聞いたところ、かつて西川口で風俗店（いわゆるＮＫ流）を経営したり、勤務していたコリアンが取り締まりによって退去を余儀なくされ、おまんまの食い上げになったからだそうだ。外国人が多い川口にコリアンタウンがないのもこうした街の変遷が関係しているのだ。

たとえば同じ首都圏の川崎では、在日韓国・朝鮮人との共生が進み、永住者も少なくない。一方、川口で外国人が増え始めたのは最近のことで、中国人やベトナム人といった在留者がほとんど。川口はいわば国の政策や時代の風潮に左右されやすい外国人街ともいえる。

その他、上位にはフィリピンやネパール、インドがランクインしているが、異彩を放っているのがトルコ。日本全体でのトルコ人在留者は7505人（2020年6月末時点）で、川口市在留のトルコ人は1289人。約20パーセントが川口に住んでいることになるが、これはトルコ国籍のクルド人が多く住んでいるからだと想定される。

クルド人は「独自の国家を持たない世界最大の民族」ともいわれ、トルコ政府からの迫害を恐れて世界各地に難民として移住している。日本では90年代から増えてきたとされ、川口はこれまで比較的寛容に受け入れてきたようだ。90年代に移住してきたクルド人には2世も誕生しており、永住者とまではいかないまでも特別在留資格者は増加傾向にある。そのクルド人移住者については蕨市も有名で、彼らの住むエリアは「ワラビスタン」と呼ばれていたりするのだが、その話は後述しよう。

狭いエリアに固まる外国人コミューン

こうした外国人の増加現象は川口市を中心として周辺地域に広がっている。2015年から2018年にかけ、戸田市ではおよそ2000人も増加し、同じように草加市でも約1500人ほど増えている。荒川対岸の北区は同期間で約5000人、足立区ではなんと約8000人も増加。足立区は川口市とともに3万人規模の外国人を抱えるグローバルシティと化している。急ピッチで川口一帯が外国人タウン化している理由については次項に譲るが、川口は周辺市街に住む外国人の来街者が多い。西川口でとある中国人カップルに声をかけると、彼らは赤羽在住で、西川口の中国食材店に買い物に来たそうだ。筆者もあらゆる人種の外国人に話を聞いたわけではないが、西川口周辺には本場の味を提供するディープな中華料理店のほか、中国やアジアの食材店が豊富にある。そのため、多くの中国人や東南アジア人が川口を生活の拠り所とし、川口市内あるいはその周辺に居を構えているのかもしれない。

単純な移住者数だけでは示せないほど多くの外国人が街を闊歩している川口

だが、さらに市内での外国人居住者数を見てみると、その分布が西川口周辺に偏っているのがわかる。地区別に外国人の人口密度を比べてみると、最高値を叩きだしたのが京浜東北線の西側に当たる横曽根地区で、1ヘクタール当たり28人。次いで多いのは20・7人を記録した中央地区。意外にも中国人だらけの芝園団地を抱える芝地区は12人とそこまで密集しているわけではない。実は芝地区の外国人構成は芝園町が201・5人と突出しているだけで、その他の地区では1ケタ台がほとんどである。一方で横曽根地区では、ほとんどが2ケタ台となっており、西川口1丁目の104・1人を筆頭に、並木2丁目、並木3丁目、川口4丁目、西川口3丁目と50人を超える地域が5つもある。外国人の実数でいえば7000人以上が在留しており、全体のおよそ5分の1が同地区に居住しているのだ。逆に、京浜東北線から離れれば離れるほど、外国人の人口密度は小さくなる。ちなみに最低値を記録したのは神根地区と安行地区で、わずか1・2人。東川口駅のある戸塚地区でも1・8人と、東部や北部には外国人がさして多く住んでいるわけではない。

このように川口に住む外国人は、限定されたエリアに密集している。加えて出身国がバラエティに富み、親しい者たち（同じ出身国、民族など）で近隣に固まり、実に狭いエリアで小さなコミューンを築いている。しかもそれぞれが出身国の生活習慣を用いて暮らしているので、国が違う外国人の交流も密ではないようだ。ネックになっているのは、やはり言葉の問題で、川口に在住する外国人の共用語は、多くの日本人市民との共生を考えれば日本語が適当と思われる。だが、日本語を話せない外国人やその2世（子供）は少なくない。たとえば、芝中央小学校でクルド人少女に対するいじめ問題も発覚した。学校関係者の実名がネットに晒されるなど、その余波は多方面に広がっている。ある川口市民（青木在住）は「外国人はまったく日本の文化になじんでないし、言葉もわからないからやっぱり恐ろしい」といえば、ある中国人も「日本人とは少し話す。ほかは全然」という。多国籍な外国人タウンだけに、さまざまな人種の共生には困難がつきまとう。

新型コロナの影響で、数年は外国人在留者の数が増えることはないだろう。しかし、出国もできないわけだから、その数が大幅に減少することはない。しかも、現時点で市内のあちこちで歪みを生んでいるのも事実だ。

外国人と日本人の間には見えざる壁がある。川口のような多文化共生都市では、偏見の解消が永遠のテーマでもある

マスコミでは川口を外国人問題に熱心に取り組む市として、もてはやす向きもあるが、取材していると住民レベルでの認識が追いついていない面も垣間見られた。日本人住民の意識に変化の兆しが見られなければ、こうした不協和音は大きくなり、本当の意味での共生が難しくなる。外国人支援もさることながら、日本人と外国人、そして出身国の違う外国人同士の共生の道を探れなければ、理解どころか人々の分断は深まるばかりだろう。

外国人と日本人のホンネを聞いてみた！

中国人が語る「川口に住む理由」

市内の外国人出没スポットといったら、圧倒的に西川口駅の周辺である。外国人（主に中国・東南アジア）向けの店舗がやたら多い（まああくまで体感なので、もう少し割合は低くなるかもしれないけどね）。西川口の路面店で目立つのはジャッキーチェンの映画に出てくるようなド派手なカラーリングと、これ見よがしにキラキラとしたネオンサインに彩られた中華料理店。昼間はあまり目立たないが、夜も深くなると、その存在感はドンキ西川口店以上である。本格派チャイナタウンとの前評判通り、それぞれの店舗が実にパワフルな中華的営業スタイルを貫いている。

なぜ、こんなに中国人ばかりが集まるのか。某不動産屋で働く中国人の方に話を聞くことに成功したので、そのやりとりをご覧いただこう。

——中国人が川口に来る目的は？

「中国人は就労と観光が半分。若い子は留学も少し。でも、学生も留学というか遊びに来てる人が多いね」

——わざわざ川口を選ぶ理由は？

「川口、友達いっぱいいる。だから来る。それに料理も中国ばかり。だから居心地いい」

——あなたも川口は住みやすいと思ってますか？

「住みやすい。友達いっぱいいるし、何でも安い。家賃もご飯も。あと駐車場ね。東京高すぎる。中国人、友達と車使うこと多い。だから川口最高ね」

その後も数人ほど中国人に話を聞いたのだが、やはり川口に来る最大の理由は、すでに友人がたくさん住んでいるからという回答が多かった。意外だったのは川口市内で出会った中国人は、意外にもフランクなこと。ある中国人カップルなんて、わざわざスマホの翻訳機能を使って、筆談までしてくれた。こうして話している限りでは、川口にいる中国人は、新宿とはちがって人当たりもよく、マフィア感が薄い。

一方で、困難を極めたのは東南アジアや中東系と見られる外国人の取材だ。いやはや話が通じないのなんのって。筆者の英語が堪能ならもう少しマトモに会話もできたんだろうが、それにしたって、日本居住歴3年なのに、ほとんど日本語をしゃべれないパキスタン人もいたし（このぐらいの情報を聞き出すのは片言英語でも何とかなった）、いったいどうやって日本で生活しているのか、こちらが不安になってしまう。語学留学で滞在しているベトナム人は少しだけ日本語ができたものの、それも挨拶程度。それでも「どうして川口へ？」の理由を聞くと、彼らも中国人と同じで、「在留している友達が川口にいたから」との回答が目立った。

このように外国人によるコミューンが形成されている街は、全国的にも同胞を集めやすい。あくまで私見だが、川口は、多国籍かつ小さなコミューンが成熟しているゆえに、あまり日本語を使わなくても生活できる街でもある。つまり、異邦の地に来た外国人にとってこれほど心休まるラクチンな街はないのではないか？　もちろん、なかには必死に日本になじもうと努力している外国人もいるだろう。しかし、取材を通して感じたのは、彼らは積極的に日本になじもうとしていないように感じた。

たとえば、高田馬場の界隈は、「リトルヤンゴン」と呼ばれるミャンマー人街なのだが、ここで取材をすると、わりと日本語で答えてくれる人が多い。ミャンマー人のコミューンが形成されているにもかかわらず、日本文化に一生懸命なじもうと、生活習慣を合わせようとする人も多く、ミャンマー料理店だってほとんどが日本語表記だ。一方で、川口の中華料理店（町中華じゃないですよ）はほとんどが中国語表記。よくいえばそれが消費者が求める本場感・本物感なのかもしれないが、各地のアジアンタウンを取材してきた筆者としては、どうも川口の外国人コミュニティは閉鎖的なように感じられる（もしくはシャイ？）。まだ外国人街としての歴史が浅いという点も大きいだろうが、どうしても住民が国籍で分断されているように思えてならないのだ。

外国人を毛嫌いする日本人もいる

こうした外国人に対し、日本人には辛らつな意見も少なくない。

「外国人は出てけって感じ」

そんな過激な言葉を発したのは、生まれも育ちも川口のキャバ嬢である。キャバ嬢だからといって、取るに足らない意見だと思ってはいけない。彼女は地元のヤンキーコミュニティにどっぷり浸かっており、気質も生活習慣も生粋の川口民である。さらに彼女の意見を裏付けるように、川口在住歴40年で、身なりのいい紳士も「あいつら何考えてるかわからないんだよ。ゴミなんて何回注意してるかわからない。それでも治らないなんだから。人口が増えたって外国人ばっかかになるんじゃあ住みづらくてしょうがない」と、ジェントルマンらしからぬ過激発言。ちなみに、ハシゴ酒をしながら方々で話を聞いてみたのだが、昼の街中とは対照的に、夜の酒場にいる川口民は外国人否定論者ばかりだった。

そしてこんなことはホントは書きたくないのだが、彼らの話を聞いて筆者が率直に感じたのは、某大手メディアが表現した「静かなる分断」どころではなく、

「ほとばしる憎悪」だった。

いずれも外国人を嫌う理由はゴミ出しや騒音など、全国どこにでもある問題だ。客観的な視点で見れば些細な問題かもしれないが、夜中に隣の部屋から宴会の声が聞こえたり、家の前に大型ゴミが放置される日々は耐えがたいもの。生活に根づいた些細な問題だからこそ、それが積もり積もって、いつしか「外国人憎し」の感情を抱いてしまうのだろう。ただこれ、間違っているのは日本人だって同じだということ。たとえば川口名物のヤンチャな若者が同じことをしても、川口民は怒りながらも温かい目で彼らを見るだろう。ただの若気の至りだと。でも外国人をそういう目で見ない。それは同胞意識がそこに皆無だからだ。

また、こうした外国人への意見を聞いて不思議だったのは、実害を被っていない川口民が嫌悪感を示していたことだ。先述した紳士は、外国人を嫌う直接的なキッカケはなく、すべて周囲の知人などから聞いた話が引き金となっていた。しかも、なぜそこまで嫌うのかを尋ねてみると、「何か俺が知ってる川口じゃなくなっていくような気がする」とのこと。彼らの目には街を埋め尽くす外国人の姿が、まるで異世界から来た侵略者のように映っているのだ。

偏見の根っこにあるのは強すぎる地元愛!?

現代のグローバル社会においてはあまりに偏狭だし、外国人に対する偏見や差別を生みかねない態度は褒められたものではない。ただ多くの川口民は、愛する故郷が失われていくような感覚が耐え難いのだ。友人と青春の日々を過ごした繁華街は中国語を筆頭にさまざまな外国語で埋め尽くされ、初恋の相手と待ち合わせた改札口は知らない言葉を話す人々であふれている。川口で長い時間を過ごし、川口を愛する地元民（川口民はすこぶる地元愛が強い）にとって、外国人ばかりの街となり、愛着やノスタルジーを感じられなくなっている現状に我慢ならないのだろう。

外国人との共生は、川口にとって避けて通れない道である。多くの外国人が郷に入っては郷に従い、生活マナーなどを改善してくれれば、日本人の不満や怒りも和らぐだろう。少しでも日本語を学び、話しかけてくれれば、お互いの

日本人の若者が外国人と同じことをしても大騒ぎにならないように、まずは歩み寄る姿勢が必要ではないだろうか

コミュニケーションも円滑になるはずだ。それにいずれ外国人の高度人材が定着して、市内の景気も上向くかもしれない。

それでも川口を愛する地元民の喪失感は計り知れない。今の川口には過去の姿を偲ばせるモノが圧倒的に足りていない。グローバルな共生社会をつくるのは正しい。だが一方で、生粋の地元民が郷土を懐かしむことのできる何かを残すことも、今後のまちづくりの課題ではないだろうか。

中国人ばかりの芝園団地の実態

0系新幹線の聖地が今や日本屈指の中国人団地！

人口60万7105人に対して3万8764人、外国人率が6・3パーセントに達する川口市。国籍別では2万2809人の中国人が最多だが、彼らの1割超、2881人（世帯数は1586）が暮らすのが芝園町だ（人口はすべて2020年1月1日現在）。

そしてこの芝園町、芝園ハイツという分譲マンションなどもあるが、ほぼ全域を占めるのが日本住宅公団（現・UR都市機構）の芝園団地。つまり、大半の中国人がURの団地で生活している。

そもそも芝園町は、1978年、住宅表示の整備に伴って、大字芝から分離した地区だ。そして、初代新幹線「0系」を初めてつくった工場として知られる日本車輌製造の蕨製作所が1972年に閉鎖され、その跡地に建てられたマンモス団地が芝園団地である。団地の完成は1978年。住所は川口市芝園町だが、最寄り駅は徒歩7分程度で行ける蕨駅になる。

竣工後、芝園団地は大友克洋のマンガ『童夢』の舞台にもなり、高度経済成長を経て豊かになった日本の都会のシンボル的存在だった。家賃は当時としては高額だったが、最新の住環境が人気で希望者が続出、入居は抽選になり、働き盛りの若い世帯がこぞって入居したという。

が、第1世代の入居から40年も経った今、それはもはや幻のようでさえある。働き盛り世帯の子供たちは進学や就職などを機に団地を離れ、残されたのは年配者ばかりとなった。加えて、この物件は現代日本の若い世帯には人気がなく、住民約5000人に対して、過半数の2600人ほどが外国人、しかもその大半が中国人という極端な国籍構成となってしまった。今や芝園団地は、日本で指折りのチャイナタウンと化しているのである。

中国人がこれだけ増えた理由は、バブル期には外国人不可の賃貸物件が多かったが、公団の賃貸住宅は、保証人が不要な上に、中長期の在留資格を持つ外国人ならば賃貸可能だった。そのため、暮らしやすいと感じた先住の中国人が、同胞を大陸や国内から呼び寄せた結果と考えられる。

団地には保育園！　中国人が過半数に

川口市が公表している芝園町の人口推移を見てみよう。

1997年は外国人208人に対して日本人が5309人だったが、2000年には外国人が486人と2倍超になるなか、日本人は4834人に減少。さらに時を進めて2004年には、外国人が初めて1000人を超え（1046人）、日本人は4194人にまで減った。その5年後の2009年は外国人1851人、日本人3336人と3人にひとり以上が外国人という状況になった。その後も外国人は増え続け、高齢者世帯が多いこともあって日本人が減り続けるなか、とうとうその時がやってくる。2016年、外国人2568人に対し日本人は2507人と、初めて外国人住民が日本人のそれを上回ったのである（正確には前年の11月には逆転していた模様）。その後もこの現象は続き、2019年には外国人2692人、日本人2243人と外国人が日本人を約450人も上回るに至った。

日中、団地内の広場では中国人親子や親同士が、母国語をがなりたてる姿が日常的に見られる。一方で、小学校に上がった子供たちは、こちらも普通に日本語を話し、筆者の質問にも日本語で答えてくれたりする。

「日本語できるよ。小さい時に日本にきたから。お母さん？　あまりできないし、学校に出すものはお父さんに見てもらう」

はきはきと答えてくれたのは小学4年生という男児。彼らは、自宅と学校で言語を使い分けしているケースがままあるという。

学校といえば、団地内には24時間体制の保育園がある。中国籍の子供が圧倒的に多いが、日本人保育士もおり、日本の子供も預けることは可能。実際に利用したという日本人の30代主婦は「夜間や数時間しか預けたことはありませんが、日本人スタッフもいて困ることはありませんでした。むしろ夜などは本当に助かりました」。保育園が、小さな日中交流の舞台にもなっている。

今は改善されたけど……昔は階段の踊場で大小便⁉

団地内や芝園ハイツ1階には、中国の食材店や中華料理店のほか、韓国料理、明らかに「外国人」を相手にしているとおぼしきリサイクルショップなどが店舗を構えている。道路の向かいには、インド・ネパール料理店やハラルのマーケットもあり、芝園地区周辺が、中国人のみならずアジア系人種が入り混じった世界であることをありありと示している。

こうなると、いかにもありそうなのが文化の違いによる衝突だ。

団地の広場近くで談笑するお年寄り3人組に話を聞くと「ちょっと前まではゴミ出しが本当にいい加減で。あとは夜中でもなんでも大きな声で話をしていたり。今は随分と減りましたね」「自治会長さんらが張り紙をしたり、いろいろと苦労されて……」云々。

かつては、ゴミを自宅の窓から放り捨てる、階段の踊場で大小便をする、粗大ゴミを勝手に置いていく、夜中でも爆竹を鳴らす……といった傍若無人な行いも横行していたが、今では大きなトラブルも起こらなくなったという。

状況改善の転機は、２０１１年に行われた芝園団地の自治会、ＵＲ、川口市の３者協議だったという。そして中国語の通訳を管理事務所に常駐させたことで事態は好転。ゴミ収集日や分類を色や中国語で示すなど、丁寧に注意喚起した結果、中国人も日本文化を少しずつ理解していった。実際は今も中国語で「騒音注意」を喚起する張り紙は貼られているけれど……。

学生ボランティアも多文化共生を後押し

日本人と中国人との共生は、自治会のみならず、学生ボランティア「芝園かけはしプロジェクト」も後押しししている。メンバーは東京大学のほか早稲田大学、埼玉大学など30名超の学生で、日本人の高齢化と外国人増加という問題を抱える団地が増えるなか、芝園団地をモデルとして『多文化・多世代が共生できる、より暮らしやすい団地をつくる』活動を進めている。たとえば、日本人住民と外国人住民、学生メンバーの３者による「多文化交流クラブ」という交流イベントを実施。話をするばかりでなく、中国語教室や太極拳体験なども企画し、国籍と文化の溝を埋める活動をしている。

中国人の生活改善で留意すべきは、芝園団地に入居する中国人（世帯主）にはIT企業のエンジニアなど高収入を得る会社員が多い点。大卒エリートで知的水準の高い彼らだからこそ、改善がうまくいったという向きがあるのだ。

一方で、「半分も中国人が住んでいる団地です。こんなところに、日本人の若い人は引っ越してこないですよ」「わたしら年寄りがいなくなったらこの団地はどうなるんだか」と、やや恨めしいような諦め半分のような言葉も年配者から聞かれた。確かに、団地の遊び場から日本人の子供の明るい声は聞こえてこない。実際、隣接する市立芝園小学校は、2008年3月に閉校となっている……。

住民の半分以上が外国人となった芝園団地。当初は問題ばかりだったが、近年は理解が進み、共生が進んでいる

ゴミ出し問題はずいぶん解決したが、それでもまだ一部の外国人による不法投棄はある。まだまだ注意喚起は必要

チャイナタウン化する西川口の闇

飲む・打つ・買うのエリアがリアルチャイナに

　駅の改札付近で思い思いに人待ちをするグループ、キャリーケースを引きながらどこかへ向かう単身者や家族、真夏には肌着同然の着衣で駅前にたむろしているオッサン……これら全部、外国人の姿だ。しかも、どこか田舎の観光地の話なんかではない。場所は埼玉、西川口駅周辺。外国人と書いたが、その多くは中国人だ。川口オートレース場の玄関口にして、小さな風俗街を有するJR西川口駅周辺は、今やリアルチャイナタウンと化している。

　2020年1月1日現在、西川口駅の西口至近エリアの西川口1丁目には1187世帯・1582人の外国人が暮らしているほか、同じく東口に近い並木

2丁目に859世帯・1206人、同3丁目には944世帯・1403人の外国人が居住している。川口で暮らす外国人について、国籍では約3分の2が中国人というデータを加味すれば、西川口駅に近い地区だけで、少なく見積もっても3000人余りの中国人が居住している計算になる。エリアをもう少し広げれば、数字が飛躍的に大きくなるのは想像に難くない。

まず、西川口駅の歴史を見ておこう。戦前から、横曽根地区住民などには川口〜蕨間の新駅開設を望む声があったが、なかなか実現せずにいた。それが、敗戦後の混乱期を乗り越えて鋳物産業が復興。同時に、横曽根や青木、芝地区の都市化が進むと、新駅設置の機運がいよいよ高まる。紆余曲折ののち、1951年に駅設置が決定。1954年、西川口駅が開業した。その後、駅周辺の都市化を反映するように、開業5年目の乗降客人員は524万人を記録。これは、当時の川口駅の約3分の1、蕨駅の約半分に匹敵したという。

ここで、駅開業2年前の1952年には川口オートレース場が開場していたことも付記しておく。川口オートは、現在のオート界で売上・入場者数ともに日本一。開催日には、アンチ・ネット投票のオールドファンが、東口から無料送迎バスに乗り込む姿は、令和の時代になっても健在だ。

　1960年代、駅前の整備にともない、当時の駅前にあった屋台街が10番街区（西口）に立つ東京電力の鉄塔を囲むようにして移転することとなった。移転先では、「鉄塔横丁」と呼ばれる繁華街が形成され、オートレース帰りのギャンブラーはもちろん、工業の街・川口らしく周辺で働く労働者が一杯ひっかける街となった。

　そして1970年頃、鉄塔横丁に西川口で最初のトルコ風呂（現・ソープランド）が出店。これが当たると同業が出店攻勢をかけ、当時の西川口は「トルコ街」といわれるまでになった。ギャンブラーや労働者をアテにして、市内（川口市本町周辺）のみならず、東京都内の風俗店までもが西川口へ移転してきたというのだから、西川口にくる男たちがどれだけ元気だったのかがわかる。

　こうして西川口は、駅ができたことで宅地化が進むのと同時に、打ったら買う、打って飲んで買う……とまぁ順番はどうでもよいが、「飲む打つ買う」（オートの車券で儲けたら）飲んで買う、あるいは打つ前に飲んで打ってから3拍子そろった男の盛り場の街になっていったのである（一説には赤羽に地元客を奪われないよう西川口に繁華街を作ったという噂も）。

NK流を一掃したら中国人がやってきた！

1980年代、西川口に第1弾の激震が走った。ソープ街へ至る途中の一番街に、コリアン系資本とされるピンクサロンやファッションヘルスと称する性風俗店が乱立したのだ。この風俗店こそは、のちにNK流と呼ばれる違法風俗店であった。

1990年以降、西川口には違法風俗店が次から次へと生まれ、ついには200店舗を超えるまでになる。最盛期には、NK流店舗は一番街では収まりがきかず、西口の全域、さらには東口の北方面にも版図を広げた。当時、駅前での違法な客引きは、日常の光景となっていった。その光景を見ていたという地元40代女性は「当時私も子供で余計にイヤでした。怖いし。女性や子供にはひどい街でしたよ」と顔を曇らせた。

風俗情報誌にも堂々と広告を載せるNK流があったほどだったが、違法はそう長く続かない。2003年の警察当局による風営法取り締まり、2004年に新宿歌舞伎町から始まった風俗浄化作戦により、2005年、西川口の違法店舗はほぼ一掃される。

その後の西川口には、かねてから風俗営業許可をとっていたソープランドや店舗型風俗店が残り、性風俗店の目線では健全な街に姿を変えた。ただ、若い頃NK流を味わった中年男を意識してか、以前はなかった低価格のソープランドが増えてきている。現役の泡姫いわく「昔は西川口にも10万円超の高級店もあったみたいだけど。ひと昔前のサラリーマンには、先輩が後輩にお酒や風俗をおごる習慣があったというけど最近はさっぱり。今はトルコ人（クルド人）の客が多い。外国人NGって店もあるけど」。不景気を嘆くお言葉をちょうだいしたわけだが、事実、西川口には午前中など時間帯によって低価格にしている店舗もあり、そこには朝っぱらからお客がズラリ。サラリーマン、雨で仕事にならないガテン系らがせっせと朝から並んでいる。

一気に空き家となったNK流店舗はその後はどうなったのか。実はここに第2弾の激震が走る。しかもその揺れは現在も続いている。

西川口駅至近には、中国を筆頭に韓国やベトナム、タイ、フィリピンといったアジア系外国人による飲食店や食材店が続々進出。彼らが住まいも西川口に構えたことで、今の西川口は埼玉県屈指のアジアンタウンとなった。そして、とりわけ幅を利かせているのが同胞意識の強い中国人。街はもはや中国人であふれかえっている。

ルールは守らない⁉ 生活レベルの不満噴出！

西川口で生まれ育った40代男性は「どこかの店がつぶれたら次に入ってくるのは中国人。しかも、日本人ではなく中国人向けの店が増えてきた。不景気な街なのに、中国人がいるから家賃があまり下がらない。地元の日本人にはほとんど関係ない好景気だよ」と、やや怒り気味。もっと聞いてみると「彼ら、ゴミ出しルールを本当に守らない。夜中でもどこでも大声を出すし」と生活レベルで不満がたんまりあるという。

このあたり、40代女性に聞くと「駅前の銀行の裏あたりは本当に汚くて大変でした。今はだいぶよくなったようだけど。一部では見張りをしたり、ゴミ出しルールを教えたりしてきました。ただ『今日はゴミの日じゃないですよ』と声をかけても、日本語がわらかないふりをされたり……。もう最近の西川口は本当に怖いです。オジサンなんかが夜中に酔っ払って路上で寝ているものなら、外国人女性がふらふらっと近づいてきて財布なんか盗まれちゃう」。

外国人のゴミ出し問題はあらゆるメディアでたびたび報じられてきたが、街のリアルチャイナ化の勢いは、年々増すばかりだ。何しろ西川口には、中国人による中国人のための不動産屋がある。それでも生活問題が解決しないのだから容易ではない。

一時期よりは減った印象こそあれ、街中のゴミ収集所には「ゴミの日を守ろう！」「ゴミ捨て禁止」と中国語で書かれた看板が掲げられている。さらに、ゴミ集積場所ではなくなったというのにそこへゴミを出す外国人がいるのだろう、ある街角には「ゴミを置かれた場合処罰されることがあります」の中国語と日本語による看板が。ほかにも「粗大ゴミの不法投棄はしないこと！　次回以降発見次第警察に通報します」の強い言葉があったりと、地域住民や物件オーナーはピリピリ。「数年前までは可燃物の日でもないのに生ゴミをゴミ捨て場にぶちまける人もいたんです！　不衛生だしカラスはくるし本当に困りました」とは前出主婦。駅近くの飲食店で働く日本人主婦からは「一時よりいい？　そんなことはないですよ。でも増えてしまった以上は彼らにルールを知ってもらうほかにはねぇ」と呆れ顔。ＮＫ流は去ったのに街はカオスのままだった。

では、何をきっかけに中国人は増えたのか。ＮＫ流の空き店舗に中国人がやって来たからというが、そのきっかけとして、２００９年と翌10年に西川口で開催された川口Ｂ級グルメ大会を上げる中華料理店主がいた。約３万人もの来場者を見て「何だ西川口で店をやれば儲かるぞ」と続々と引っ越してきたというのだ。無論、真相はわからないが……。

※　※　※

ゴミの問題は最近になり、解決しつつある。テレビなどでも報じられた有名な「外国人ゴミ捨てスポット」は、今やすっかりキレイになっている。どうやって解決したかというと、答えは単純。ゴミの収集日を増やしたのだ。

日本では分別を細かくするのが当たり前だが、難解な日本語を読めず、まだ文化すらも理解していない外国人にとってはなぜ怒られているのかすらわからない。そこで、市は9カ国語に対応したゴミの分別ガイドアプリを開発するなど、周知を徹底してきた。だが、地元住民（日本人）たちはもっとシンプルな対応を提案。それが、「収集日を増やす」案だったのだ。日本の細分化されたシステムを一方的に押しつけるのではなく、住民や行政側も歩み寄った結果、ゴミの問題は大きく改善した。そもそも中国人たちは、それほど酒盛りをしないらしく、「メシだけ食ってすぐ帰るから、夜は意外と静かなもんだよ」と話してくれたのは、ゴミ捨てスポットになっていた土地のすぐ近くで仕事を営む70代男性。川口では外国人との共生が進展しつつあるように思う。

それぞれがお互いのテリトリーを守って生活しているぶんには問題ない。公共の場でのマナーが、壁になっていたにすぎない。ちょっとドライな関係かもしれないけど、これも川口的共生だと考えれば悪くない。

「ワラビスタン」に暮らすクルド人難民に広がる支援の輪

大半のクルド人が蕨〜川口エリアに在住

外国人の人口比率で県内首位に立つのが、川口市の西隣の蕨市である。両市とも国籍別では中国が最多だが、蕨駅や西川口駅周辺などに、1990年初頭から多くのクルド人が暮らしている。クルド人とは、トルコやイラン、イラクなどにまたがる中東のクルディスタンに住むイラン系山岳民族。全人口は2500万人とも3000万人ともいわれるが定かではない。

彼らはかつて、広大な領土を誇ったオスマン帝国の領内に暮していた。ところが、第一次世界大戦でオスマン帝国が敗れたために居住地は分断され、自らの国家をもたない一大民族となった。その後、トルコやイラクなどで、クルド人の分離独立を求めた武力闘争（トルコ・クルド紛争）が繰り広げられており、現在までに終結の目処はたっていない。

こうした状況を受けて近年、出国を手助けするブローカーへ高額な料金を支払うなどし、主に欧米諸国へ逃れるクルド人が増えている。そうしたなか、ビザを取得せずに入れる日本を目指す者も少なくないという。そして、その多くが埼玉県、しかも大半が蕨市と川口市に居住しているのだ。

このトルコやイラン、シリアなどから渡ってきたクルド人は、「クルディスタン（クルド人の地・国）」と「蕨市」をかけて、居住地一帯を「ワラビスタン」と呼び、そこに日本最大のクルド人コミュニティを形成している。

日本には約２０００人のクルド人が滞在していると見られているが、何とその75パーセントに当たる１５００人ほどが、蕨～川口エリアに居住しているという。

しかしなぜ、蕨や川口なのだろうか。高度経済成長期、町工場が多かった両市には、多くの外国人労働者が集まってきた。こうした下地から、他地域ほど外国人アレルギーが少なく、都心に近い上に家賃をはじめとした物価が安く、さらに、どうにか言葉が通じるイラン系先住民がいたことが後押しした。こうして約30年、来日第1世代から子供が生まれるなどし、今では1500人規模のクルド人コミュニティができあがった。

在留資格がなくても生きるために働く！

苦しみから逃れやってきた日本。クルド人が、ここでようやく安寧な生活を得たかといえば、そうではない。親日国であるトルコを刺激せぬように忖度する日本政府は、これまでひとりとしてクルド人を難民認定していないのだ。そのため彼らは、永住許可がないのはもとより、国民健康保険に入れず、国民年金、児童扶養手当、福祉手当などの受給が認められない厳しい生活を強いられている。

では、法律上グレーな状態で彼らは、どのようにして暮しているのか。在日クルド人の約3割は、入国管理局で仮放免許可をもらった状態にあるという。難民申請はしているが、未認定のままかろうじて在留しているのが仮放免。正規の在留資格は持っていないが、人道上の理由などから、身柄の拘束を解かれた仮の放免で暮らしているのだ。それとていつ入国管理センターへ収容されてしまうか、わからぬ日々だという。

制度的に働くことが認められていない仮放免だが、働かずに異国で生きられるはずもなく、彼らはワラビスタン周辺にある解体業や産廃業、土木・建築作業など、いわゆるガテン系の仕事に就いて暮らしを立てているケースが多い。仮放免ではない、残り7割ほどのクルド人はどうしているのか。日本人と結婚したり、就労ビザを得られれば、比較的安定した在留資格を得ることも可能だが、それはごく一部。多くは難民申請中の人も対象となる在留資格「特定活動」を持っている。これがあれば堂々と就職が可能で、多くは、建設業や飲食店が勤務先になっているという。ただし、この資格は1年ごとに更新が必要だ。

共生の道を探るなかクルド人いじめ発覚！

蕨駅東口近くの路地に集まる異国の人々。雑談を交わしている彼らこそが、ワラビスタンに暮らすクルド人だ。「悪さをするわけではないです。慣れるまでちょっと抵抗はありましたが……」とは、ごく近くにある飲食店従業員。どうやらクルド人たちは、仕事の帰りに、ここで近況報告や情報交換をしているということらしい。

が、こうした光景に日本人はなかなか馴染めないという現状もある。島国の日本は、隣国と地続きではないため「移民」への抵抗感が大きいとされる。高齢化が進むなか、労働力としても非常に重要な難民の受け入れだが、制度的な難しさだけでなく、国民の反対意見が少なくないのが現実。また、言語や文化の違いから、コミュニケーションをとるのが難しい上、治安が悪くなるというイメージも邪魔している。

その一方で、取材中には「日本語ができる子供たちも増えて、少しずつコミュニケーションがとれるようになってきましたよ」と、某スーパーの店員はクルド人との共生に前向きな言葉をくれた。また、「クルド手芸教室」を開いたり、「クルド寺子屋」と称しクルドの子供たちの宿題を見てあげるカフェができたりと、市民レベルで共生は少しずつ前進している。

国連は、トルコ政府から政治的弾圧を受けているクルド人を難民とみなしている。しかし、日本を含む国際的スタンダードはノー。それでも在留特別許可が出れば大前進だし、就労ビザが出れば雇う側も安心だ。ワラビスタン問題の前進は日本の移民・難民政策だけでなく、労働力問題解決への一歩となる。

こうしたなか、川口市ではクルド人支援の輪が広がっている。蕨市ではコロナの給付金１０万円対象から外れていて生活が困難な移民・難民に向けて「移民・難民緊急支援基金」として１人３万円を給付。さらに、川口市では「クルド人の生存権を守る実行委員会」が川口駅前で相談会をしたりもした。さらには、健康保険が使えないクルド人患者に対して、川口駅前の某歯科医院が診療を行ったりもしている。これは先述した相談会をキッカケとして、医院からの持ち出しも覚悟しているという。

２０１９年にクルド人児童に対するいじめ問題が発覚したときには、ため息がこぼれたが、その一方で支援者たちが増えているのは喜ばしい。国の制度が変わらない限り、クルド人の置かれた立場は苦しいままではあるが、民間レベルでの助け合いが進んでいることはいい傾向だと感じている。

蕨駅周辺にはクルド人難民などが数多く住んでおり、近年は川口への流入するケースも増えている

クルド人難民を支援する輪は広がりつつある。公と民で連携を取りつつ、受け入れ体制を整えている

川口市コラム 3

本格中華VS町中華！　行きたくなるのはドッチ!?

リアルチャイナタウンと呼ばれる西川口駅周辺だが、実際には外国人がやたらと多いこと（コロナ禍で外国人も減ったしね）をのぞけば、駅前の街並みはごくフツーだ。中国語での看板を見かけたりもするけど、言うほど〝チャイナ〟を感じることもない。

ところが駅から風俗街方面に5分ほど歩くと、街並みは激変する。中華レストランが所狭しとあちこちに並んでいるのだが、店頭に掲示されているメニュー看板に日本語がない。地元民によれば「店員が日本語を話せないし、店内のメニューも中国語しかない店もある」という。文字通り、本格中華である。

その一方で、住宅街などに足を踏み入れるとリアルチャイナとは異なる年季の入った町中華も多い。街がリアルチャイナタウンに変貌する以前からある〝和洋中折衷〟の中華屋で、メインの客層は川口オートになじみそうな地元民。昼間から瓶ビールと餃子というゴールデンコンビをたしなんでいる人も少なくない。小奇麗な身なりをした白髪のおばあちゃんが一人でビールを飲んでいたのには、川口に生息する飲兵衛の奥深さを感じるほどであった。西川口駅周辺は、本格中華と町中華が混在する全国でも稀有な「混合チャイナタウン」といえよう。

そんな街を堪能するなら、どちらの店にも入ってみるしかない！　というわけで、取材中のメシは、本格中華や町中華を問わず、ほとんどを中華屋で済ました。

西川口の中華屋で、まず強く感じたのは、双方ともに値段が安いこと。1品料理ともなると、300円程度が基本で、共通メニューでもある餃子は、200円台で食べられる店もある。定食も500〜800円。ほぼ1000円以内でおさまる良心価格である。相場は似たようなもんだが、安い背景にはそれぞれ事情が異なるようである。

町中華の方は、先にも触れたように昔ながらの飲兵衛がメインの客層。老舗が住宅街にあるように、サラリーマンよりも、引退した常連たちが長居するような店である。中華屋なのにボトルキープがあったりして、昼から飲んでも文

句を言われなかった古き良き（？）昭和を彷彿とさせる。一方、本格中華は、もちろん中国人がメインの客層なのだが、彼らはあまり昼メシに頓着しない。サッと食べてサッと帰るのが基本。大量に食うのは夜で、さらにあまり酒を飲まない。意外だが、中国人は日本人ほど飲兵衛ではないのだ。また、本格中華の場合、ランチの定食が安い一方で、夜のコースは3000円〜とそれなり（なかなか豪華よ！）。昼も夜も安い町中華とは一線を画している。

で、肝心の味だが、やっぱり日本人の舌に合うのは町中華である。しかも長らく地元民の胃袋をつかんできた老舗だけあって、どこも安心できる味である。川口の町中華はどこに入ってもハズレがないと断言しよう。一方、本格中華は見たことのないメニューだらけ。川口の傾向としては福建省系が多く、四川省系はあまり少ない印象だ。そのため、魚介ダシが特徴的で、海の食材を多用する料理が多い。なかにはけっこうクセの強い味と香りがするものもあり、味覚が合うかどうかは別として、チャレンジするにはもってこいである。ちなみに、日本語が通じない店で筆者がテキトーに頼んだ結果、当たり50パーセント、ハズレ50パーセントぐらい。いずれにしても、本格中華に関しては、横浜に行くぐらいなら川口の方がよっぽど多彩だし、新鮮な食体験もできるので楽しい。

そんな川口の中華巡りで、ひとつだけ奇妙な体験をしたことがある。西川口駅前に、明らかに町中華と思われる店舗を発見し、入ってみようとしたのだが、店頭看板に載っているメニューはすべて日高屋と同じ。再度、店名を確認したものの、やはり店名は来来軒。あまりに謎だったので、ちょっと調べてみたら、もともと日高屋がチェーンになる前って来来軒だったらしく、今では日高屋のグループ傘下。さすが日高屋発祥の地・埼玉。チェーン系中華屋まで多彩なのね！

第4章
川口新住民ってどんなヒト？

今やキング・オブ・ベッドタウン!? どうして川口に人がやってくる?

魅力はないけどマイナス面も少ない

本書の現地取材で、筆者は市内のあちこちで住民たちに「川口の魅力」について尋ねて回った。ところが、どこで聞いても困り顔をされてしまう。「えーと川口の魅力ねぇ……」と、そのまましばらく気まずい沈黙が流れ、「ちょっと考える時間をください」となる。しょうがないので「鋳物はどうですか?」というと、「いや、工場はみーんなマンションになっちゃったしなあ」と誰もが口ごもる。正確にいえば、鋳物工場は今もしっかり残されているのだが、跡地に立ったタワマンをはじめとするマンション群のインパクトがそれだけ大きいのだろう。川口駅前で話を聞いたサラリーマンは「マンションの街っていってもいいぐらい」と実に直球的表現を披露。でもついに「川口の魅力」を聞き出すまでには至らなかった。

川口＝？・？・？。街の魅力と聞かれてすぐに思い浮かばない川口の哀しさ。県内で見れば、商業では大宮、教育では浦和といった街の後塵を拝し、住みよさ系のランキングでも先のさいたま2地区や戸田の方が高評価を得ている。県外に目を向けると、同じ中核市で都内へのアクセスも似たような条件の船橋は、2017年に「買って住みたい街ランキング」で堂々の1位を獲得。そのイメージや魅力も「買い物が楽しい商業都市」、強烈キャラ「ふなっしー」なんて切り札もある。

では、なぜ魅力と聞いてすぐに思い浮かばないモヤモヤっとした川口に人々は移住してくるのだろうか。移住歴7年という30代女性は「便利な街ですよ。ショッピングモールは充実しているし、ちょっとした広場とか大きめの公園とかもあって子供を遊ばせられる場所も多い」と一定の評価。普通に住みやすさを享受しているようである。さらに新住民が集中する元郷のマンションで一人暮らしをするサラリーマン男性は、「川口の魅力っていわれると思いつかないっすけど、住みづらくはないですかねえ」とビミョー。こうした新住民たちの意見を集約すると、どうやら川口とは「大きなプラスはないけれど、逆にマイナスも少ない」街のようである。つまり、街の魅力というより、利便性や住宅価格など、生活上・金銭上のメリットを重視して川口に移り住んでいるようにも映る。「消極的選択」といったらいいだろうか。というわけで、ここでは主に新住民の証言と客観的なデータを基に、新住民視点の川口の姿やメリットを見ていくことにする。

意外と知られていない新住民が感じるメリット

まず、新住民たちが真っ先に挙げていた川口のメリットが交通の利便性だ。なかでも主に利用しているのが京浜東北線と埼玉高速鉄道である。仮に前者が川口駅、後者が川口元郷駅を起点にすると、東京駅までの所要時間はそれぞれ28分、35分。こうして見ると、ベッドタウンとしては意外と平均値である。たとえば他の首都圏ベッドタウン都市と比較すると、船橋駅からは26分、川崎駅なんて19分だ。利便性が高いとはいうけれど、東京のすぐ隣にして、都心に超至近というわけでもない。

じゃあ、住宅相場が安いかといえば、それがそうでもないのである。川口駅周辺の新築・中古を含むマンション価格相場（アットホーム調べ）は約２８４７万円。対して船橋駅周辺は２５１２万円。やや川口の方が高いのだ。しかもファミリータイプ（50平米以上）なら新築で４０００万円以上、タワーマンションで５０００万円、いや６０００万円は下らない。これが船橋なら同タイプで５０００～１０００万円は安い。川口はイメージよりずっとハイプライスな街なのである。

そこで、新住民はどこに住んでいるのかを知るため、ここ10年の町丁別人口推移の増減率を分析してみた（鳩ヶ谷地区は合併後の２０１２年から）。その結果が左図なのだが、驚いた人もいるのではないか。市西部を除いて軒並み人口増加しているものの、際立つのは戸塚・安行といったタワマンのない田舎エリアだ。特に戸塚安行駅至近の西立野付近は１５３・１パーセントの伸び率を記録し、実数では１４００人ほど増えている。また、安行原周辺は増減率では

126・2パーセントほどだが、実数では約2000人も増加。周辺には埼玉高速鉄道さえないのに、市内でも圧倒的な数値で、川口駅にも西川口駅にも近い青木地区全体の増加数よりも多い。ちなみに、2012年に完成したサウスゲートタワー川口を筆頭に新築マンションが増えている金山町でさえ137・4パーセント（実数では約1200人ほど）。いかに田舎エリアが躍進しているかをご理解いただけただろうか。実は、タワマンの多い中心市街地ではなく、東側の辺鄙な場所の人気が高いのだ。

というわけで、戸塚安行駅周辺に訪れたが、なかなか新住民らしき人に出会えない。そこで1駅隣の東川口民に話を聞いてみた。「この辺は市街地よりも静かだし、緑も多い。それに向こうはマンションだけど、こちらは戸建てが多い。のんびり暮らせるし、若い世代もリタイア世代も移住してきているみたい」と教えてくれた。

戸塚安行駅周辺の一戸建て相場は約3500万円。川口駅周辺のマンション相場よりも700万円近くも高いが、それでも新築の大型マンションやタワマンが4〜6000万円台だからそれを考えれば安い。さらに戸建てなので、駐

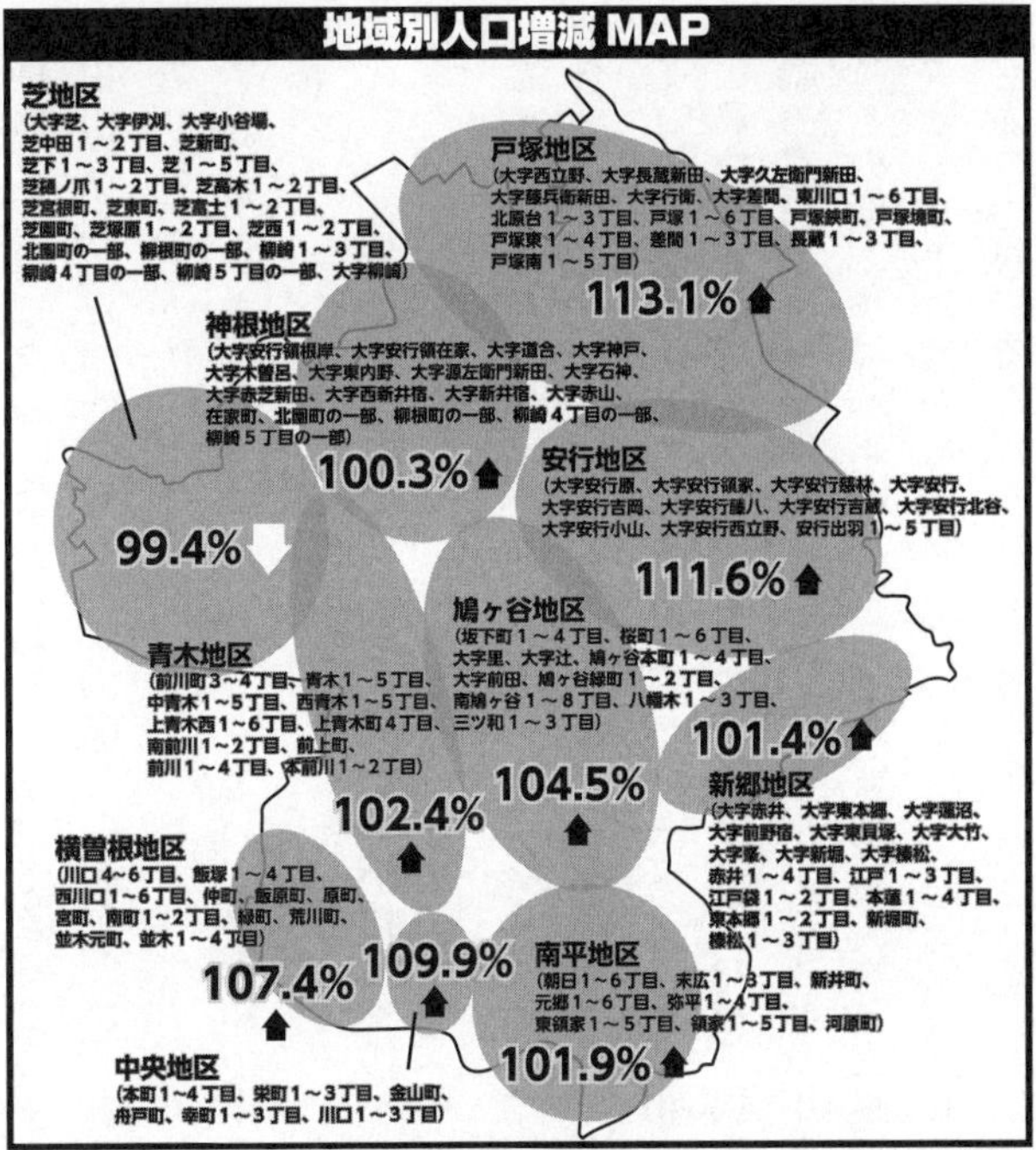

2010年～2019年における推計人口増加率（川口市公表データより）※鳩ヶ谷は合併後の2012年から

車場料金を気にすることもなく、月々のランニングコストだって、マンションよりも割安で済む。

また、戸塚・安行エリアは工業地帯とは無縁で、あるのは低層住宅と植木農園ばかり。一方で３８１号線沿いには飲食チェーンなどが並び、ファミリーが外食に困ることもない。車社会ではあるけれど、住環境としては魅力的なのだろうと推測できる。つまり、都会に近い田舎として川口は人気なのだろう。23区内随一の田舎といわれる練馬区の住宅が人気なのと近い感覚かもしれない。

さらに取材を進めていくと、リリアパーク周辺で出会った新住民の30代男性が合点のいく答えをくれた。

「いろいろ検討したんですけど、川口は子育て支援がすごく充実してるんですよ」

この言葉を受けて調べてみると、市は2004年に厚労省から「子育て支援総合推進モデル」に指定され、かなり以前から子育て支援に熱心だったようだ。2015年には「子育て支援新制度」もスタート。市が認定する保育園、幼稚園（私立幼稚園はのぞく）などに複数の子供が通う場合の保育料を、もっとも年齢の高い子供は全額負担、2人目の子供は半額負担、3人目以降は無料となる。その他、チャイルドシート購入費補助や、3人乗り自転車貸与など、子育てファミリーにはかなり気の利いたサービスを実施している。さらに意外と人気があるのが「こんにちは赤ちゃん事業」で、これは生後4カ月までの乳児の

リリアパーク内は緑が豊かで、若いファミリー世代に人気を博す。意外と子育てに便利な制度や施設が充実している

いる家庭に、赤ちゃん訪問員が訪問して、子育てに関する不安や悩みなどの相談ができる制度。新住民には核家族が多いし、見知らぬ街で暮らす際、夫がいない時間の不安は大きい。こうした支援制度やサービスが、かなりの助けになったファミリーも多いそうだ。

こうした支援制度は子育て世帯には大きなメリットだし、街自体の魅力なんていう実体のないものより、よっぽど実質が伴っている。でもこれってある意味、川口の大きな魅力だと思うんだけど、住民にすれば当たり前のことだから、そういう風に見えないのかもしれないなあ。

激増する埼玉都民の川口流ライフスタイル

新住民のレジャーは公園とモールだけ？

埼玉都民とは、「主に東京からの移住民で都内勤務。埼玉県内の南東部に分布し、埼玉県に対する愛着が低いわりに地元の発展は望んでいる埼玉県民」のことを指すワードで、近年、その存在がいい意味でも悪い意味でも注目を浴びている。要は「○○都民」とは、都内近郊のベッドタウンに移住する新住民のことで、千葉県でも千葉都民が増殖中だ。

こうした〝○○都民率〟を推し量る数値に昼夜間人口率という指標がある。これは100パーセントを超えていれば昼間の方が人口が多く、対して100パーセント未満になると人口が流出していることを示すもの。2015年の数値を見ると、川口は年々下がり続けている（86・2パーセント）。同値で都道府県最低の埼玉県平均が88・9パーセントだから、川口がいかに埼玉都民が多いかがわかろうというもの。しかし、ひとえに埼玉都民といっても、そのライフスタイルは住んでいる街によって多種多様だ。

じゃあ、川口にいる埼玉都民（新住民）って、いったいどんな川口ライフを送っているのだろう。市内のあちこちでインタビューしていると、ハタとある事実に気づいてしまった。それは新住民のいる場所が意外と限定されているってこと。たとえばリリアパーク周辺やアリオ前の広場には新住民が多いが、西川口駅周辺の繁華街ではあまり遭遇することがなく、新旧住民が混在しているのは川口駅周辺ぐらい。市内には大規模なニュータウンもなく、新旧住民がモザイク状に入り乱れているにもかかわらず、住み分けが進んでいるように感じられる。

そこで、とある新住民（主に30～40代の子育て世代）に話を聞いてみると、やはり市内で外出するスポットが絞られていることがわかった。彼らの話を集約すると、大抵は近場の公園で、買い物はアリオかララガーデン、イオンモールで、遊びに行くのならグリーンセンター。また、男性陣に市内の繁華街で飲んだりしないのかと聞くと、「飲むなら都内」という意見が多かった（とくに赤羽）。なかには10年近く居住しているにもかかわらず、「西川口には行ったこともない」という人もいた。たぶん新住民でも稀な人だと思うが、西川口駅前の風情ある居酒屋にいるのはコテコテの川口オッチャンばかり。あるキャバ嬢の話では、西川口の客層は川口生まれの若い世代や南浦和民が多く、常連のコミューンのなかに新住民がなかなか入りづらいという。

なぜ、このような現象が起きているかというと、ある新住民が話していたように「川口は生活する場所だし、レジャーは少し弱いかな。飲食店にしてもどこにでもあるようなチェーンばっかりで、散策が楽しい街じゃない」というのが大きく影響しているようだ。新住民は、川口の住環境にある程度満足してはいるものの、遊ぶスポットの少なさに多少の不満を抱いている。というわけでファミリーのお出かけの場合は、手軽な公園だったり、ショッピングモールに集中する。お父さんは単独ならたまにパチンコにいそしむくらいだ（川口は隠れたパチンコ王国）。

アリオは新住民の巣窟。近くの広場では子連れのママ友たちが井戸端会議にいそしんでいて、旧住民の姿はあまり見かけない

そんな新住民の服装はファストファッションがメイン。何せララガーデンにはユニクロ、GU、H&Mと和洋折衷なファストファッション3店舗がそろっている。実は、ひとつのショッピングモールに競合店3社が一堂に会するのはけっこうめずらしいのだ。それだけこれらメーカーへの需要が高いということだろう。でもまあ、これは旧住民たちもお気に入りで、おしなべてファストファッション好き。ユニクロやH&Mが川口の標準スタイルってトコか！

豪邸なのに堅実質素？川口マダムの買い物事情

川口市を取り囲むショッピングモール

東京の一大ベッドタウン川口市付近には、快適に買い物を楽しめる大型ショッピングモールがたくさんある。しかもそれらの多くが、市の端っこやぎりぎり市外にあることが特徴だ。

川口市周辺のイオンモールを例にとれば、イオンモール浦和美園、イオンレイクタウン、イオン南越谷、イオンモール川口前川、イオンモール北戸田、イオンタウン蕨と、およそ川口市の中心部を取り巻くように立地している。

逆にいえば、東北自動車道・浦和ＩＣ近くのイオンモール浦和美園、東京外環道・美女木ジャンクション近くのイオンモール北戸田、産業道路沿いのイオンモール川口前川と、どの店舗も川口の高速道路網の良さを生かし、高速道路のインターチェンジや幹線道路の近くで、広い駐車場を設置できる場所にあるということだ。

　店のターゲットは、マイカーでやってくるファミリー層ということで、そこが川口らしさといえそうだ。

高級スーパーは不要　自転車で安売り巡回

　では、川口の主婦は毎日の買い物をどうしているのか？　いくら川口が車社会だといっても、まさか毎日車というわけにもいくまい。マイカー族でない家庭だってあるのだ。

　今やベッドタウンの新興住宅地への流入民には、成城石井やクイーンズ伊勢丹などの高級スーパーが御用達というマダムたちが少なくない。そんなイメージこそあるが、川口にそうしたスーパーはない（2021年4月1日時点）。成城石井は川越や越谷、浦和、クイーンズ伊勢丹は浦和にあるのに、川口にはない。ないのだから、それらでは買えない。

というか、高級スーパーなど欲していないから存在しないフシもある。住まいがタワマンでも一戸建てでも、食生活はつつましやかに、住宅ローンや高い家賃を払うため奮闘する、そんな家族像が浮かんでくる。だとすれば当然、毎日の買い物は安いに越したことはない……と、少々みみっちいことを勝手に論じてみたが、実際の川口マダムたちはその通り、堅実な買い物ライフをしているようだ。

川口駅近くには、新鮮市場幸町店、マルエツ川口キュポラ店、西友川口本町店といった大型スーパーがひしめいている。駅の東～南東部には、ヤオコーやオーケー、サミット、マルエツ元郷店などが出店している。川口駅を起点にすると、これらはおよそ自転車圏内。そこで堅実マダムらは、魚はどこ、肉はあちら、野菜はどこそこと、きっちり買い分けしているという。ただ、ビニール袋が有料化となってから、買い分けの度にエコバックを用意する（万引きと間違われるから）のが面倒との声も聞こえた。

マイカーで激安店へ！　鬼気迫る詰め放題？

さらに川口では、テレビでも取り上げられるような激安スーパーが大人気だ。激安・詰め放題で有名なのが、新鮮市場東本郷店。目玉は、月に1回開催される詰め放題。たとえばステーキ、シジミ、アサリ、さつま揚げは300円、アボカドや健康食品は500円（税別）でビニール袋に詰め放題、しかも時間制限なしなんてイベントを開催。詰め放題の日は、開店前から行列ができるほどだ。

そしてもう1軒、超プライスセンター川口本店の激安イベント「見切市」では賞味期限が迫った訳あり商品などを制限時間3分以内で、好きなだけ買うことができる。カップ麺などの食料品をまとめ買いする際はレッツゴーだ。

さすがに激安店は駅近とはいかず、ごく近所の人以外はマイカーでの買い物となる。瀟洒な家に住んでいても、やっぱり毎日の食卓にお金をかけたくないというのは庶民の常。特売日は開店前に行列ができるほどで、「マイカーを使って出てきた上は！」と燃えるマダムたちの詰め放題は、鬼気迫るものがあるとか。

このあたりは、東京の成城や田園調布のマダムらとはだいぶ違うところ。そんなことわざわざ書くなって？　いや、決して揶揄しているわけではなく、川口マダムは、地に足のついた生活をしている、といえるのだ。

ところで、川口駅からそう遠くないところに建つタワーマンションの1階に、何と激安系の業務スーパーが入っている姿こそは、堅実マダムの街・川口らしさといっては失礼か。高級マンションの麓に激安スーパーという姿は意外とシュールだ。これぞ、つまらぬプライドを持たぬ、川口マダムの生活観の表れ、といえなくもない。

※　※　※

さて、川口マダムの心を動かすようなビッグニュースが飛び込んできた。2021年5月、安行にあった「ジャスコ川口店」が「イオンモール川口」に生まれ変わるのだ。本原稿執筆時点では、まだオープンしていないものの、大のイオン好きが集まる川口だけに、オープン直後はかなりの盛り上がりを見せるのではないだろうか。

敷地面積が１・５倍にもなるイオンモール川口は、ＩＣＴを活用した店舗になるらしい。店内専用のスマホ端末を使った「レジゴー」なるシステムを導入し、商品をレジに持って行かずに決済できるそうだ。さらに、商品棚にあるバーコードを読み込んで商品ページなどをスマホで確認できたりと、かなり先進的な取り組みがされている。それこそ30～40代の川口マダムが、優越感に浸るにはもってこいである。

ただ、イオンモール川口ができるのは、あくまで安行である。安行といえば市内でもかな～り牧歌的なところで、昔ながらの旧住民が多いエリアでもある。流行に敏感な若いマダムがいる川口駅前とは、まったく住民層がちがう。オープン当初は、川口駅前の若年層マダムも足を向けるかもしれないが、近くにはアリオもイオンモール川口前川もあるので、次第に行かなくなる可能性は否めない。まあ、併設されたシネコンは念願だったみたいだし、安行民にとってグッドニュースであることは間違いなさそうだけどね！

南浦和駅や東川口駅周辺に住んでいる住民は、越谷レイクタウンまで足を向ける。まあ、川口の住民はとにかくイオン好きな印象だ

安行民の念願がかなって、ジャスコがシネコン併設のイオンになる。オープン当初は全川口民が押しかけそうだなあ

川口の一大勢力！マンション族が抱える悩みのタネ

今や川口民の4人に1人！　勢力拡大中のマンション族

旧住民が「マンションばっかり」と嘆くように、市内のマンション勢力はなかなかスゴイものがある。市との協働事業でもある「川口市マンションコミュニティ連絡協議会」によると、市内の分譲マンションは約1000棟にも及び、世帯数は約5万5000、人口は約15万人にも上るという。つまり、市内の4人に1人はマンションに住む「マンション族」ということになる。これだけ勢力を拡大しているのだから、地場の旧住民が得もいわれぬプレッシャーを感じてしまう気持ちもわからなくもない。ただ、人口60万人を突破し、中核市に移行する原動力ともなったのは、間違いなく彼らマンション族の功績が大きい。

川口のマンション・ラッシュは時代によっていくつかの波と傾向がある。市が公表している「平成25年度分譲マンション実態調査」によると、横曽根地区、戸塚地区はちょうどバブル期に建てられたマンションが多く、バブル期以降のマンション建設が中心で今もその数が増えている地区は、中央地区、鳩ヶ谷地区、南平地区、新郷地区の4エリア。

このなかで横曽根地区は90年代以降、急激にマンション建設ペースが落ち込んだ。なので多くが築30年以上のマンションばかり。住宅の老朽化もさることながら居住者の高齢化も進み、市全体で見ると60歳以上の高齢者居住世帯率は55・3パーセントに及ぶ。「マンション族」と表現すると、若手ファミリー世代を想像しがちだが、地区によっては「高齢マンション族」なのである。

ただこうした現象は横曽根地区だけで起きているわけではない。実は新しいと思われがちのタワマンでも同様に、住宅と住民の老朽化が着々と進む。市内にある20階以上のタワマンは17棟（編集部調べ）で、そのうちおよそ半数は2005年前後に建てられている。この頃に川口のマンション事情は分岐点を迎え、新住民獲得にも多大な貢献を果たしたのだが……。

近い将来に襲い来る大規模修繕の諸問題

タワマンで、今迎えているのが建設ラッシュならぬ大規模修繕ラッシュだ。マンションの大規模修繕は約12〜15年周期で実施されるので、市内のタワマンはちょうど修繕の時期にあたる。市内最古参のエルザタワー55では、２０１５年に大規模修繕が開始され、２０１７年に工事を終えたばかり。驚くのはその費用で、なんと12億円もかかったという。超高層かつ特殊な形状をしているので、ベラボーに高くなってしまったそうだが、タワマンの修繕費は普通のマンションよりも高くなるのが道理で、他のタワマンも相応の金額がかかるだろう。専門家によれば、通常のマンションの約１・５倍はくだらないという。でも、修繕費は家賃やローンに組み込まれているのがほとんど。それでまかなわれるはずなのだが、この部分がかなりいい加減なマンションもあるという話を聞いた。

というのも、修繕費を高く設定すると販売に障害が出るため、販売元や管理会社が意図的に少額に抑えてしまうケースが少なくないそうだ。そのため、多くのマンションで修繕費が不足してしまう事態が生ずる。冒頭の「川口市マンションコミュニティ連絡協議会」が発行している「マンション協議会だより」に面白い記事が掲載されていたので、少し紹介してみよう。

記事のタイトルはズバリ「積立金不足！ ―大規模修繕― 『新米修繕委員のボヤキ』」である。内容は築11年42世帯が暮らすマンションの修繕委員による体験談。タワマンではないものの、川口で起きている修繕費不足の事例としては参考になるだろう。

その記事によると、2016年に管理会社から提出された「長期修繕計画書」では、工事が完成する2年後の繰越金が600万円の赤字だったらしい。記事中では〈工事が完成しても工事代金が支払えない状況に愕然となる〉と、のっけからタイトル通りのボヤキが飛び出している。原因となったのは、入居時の積立金設定が6000円（戸・月）と少なすぎたせい。国交省が設定している目安のおよそ3分の1ほどしか徴収していなかった。というわけで、今後は赤字補填分も含めて修繕積立金を3～4倍に引き上げる必要に迫られている。さらに、そのマンションでは全戸分ある機械式駐車場料金も相場より低く設定しており、積立金を食いつぶし始めたそうだ。そんなわけで駐車場料金の値上げもおそらく行われるだろう。このマンションの場合は、入居時6000円だから、値上げ額は駐車場料金も含めて、およそ2〜3万円にも及ぶ計算になる。月々の支払額としてはかなりの高額だ。このように修繕の時期になって資金不足が発覚するケースは、川口のみならず全国的にも後を絶たない。

加えて、近年は修繕に際し、悪質な設計コンサルタントによる法外な料金の請求が相次いでいる。いずれも、住民の4分の1をマンション族が占める川口にとっては死活問題。市のホームページを見ても、マンションに関する注意喚起などにかなりのページを割いていることから、市としても必死な様子がうかがえる。大規模修繕にまつわる種々の問題に、川口マンション族は頭を悩ませるばかりだ。

タワマンに生息する庶民的な旧住民セレブ

本書の企画会議で、「川口のタワマンはセレブな新住民の巣窟ではないか」

との仮説を立て、取材に赴いた。確かにヨソから移住してきた30代ファミリー世帯が増えているのも事実だし、実際に川口駅西口は幸せそうな若い子連れママと頻繁に遭遇する。だが、多くのファミリーはファストファッションに身を包んでいて、セレブ感はまったく感じられない。直接話を聞いてもタワマンよりも中古の戸建てや低層の分譲マンション住民がほとんどで、セレブだったり若いタワマン住民とは遭遇できなかった（話をしてくれたセレブそうなマダムは川口に来ていた浦和民だったしなあ）。

ただエルザタワー55周辺に行ったとき、意外な光景に遭遇した。西川口のオッチャンと見た目があまり変わらない無骨なジャンパーを着込んだ60代ぐらいの男性が、スーパー（サミット）の買い物袋をぶら下げてエルザタワーに入っていくのを目撃した。思わず「全然タワマン住民っぽくないなあ」と感じたが、ここで筆者は、川口のタワマン住民を若いファミリーやセレブそうなマダムばかりだと勘違いしていたのかもと思い、しばらくエルザタワーの麓で住民の様子をさりげなく観察してみた。すると、出てくる人も入っていく人も高齢者が多い。エルザタワーは最高2億円弱で販売されていたぐらいの物件だから、お

マンション族は旧住民との交流に消極的。興味はもっぱら利便性のみで、地元を盛り上げようという意識が薄い

そらく富裕層のはずだが、失礼を承知でいうならセレブ感がない。

そこで、市内方々でタワマン事情を尋ねて回ると、川口の事情通を自負するある旧住民が的を射る話を聞かせてくれた。

「20年ぐらい前のタワマンには、川口の金持ち連中がけっこう住んでいるんだよ。鋳物業で財を成した人とか地権者とかだよね。そういう人たちは買った時点で年もいってたからさ、今じゃあかなりの高齢者だろうね」

もしかしたら筆者が見かけた住民は、そうした高齢者だったのかもしれない。

いずれにしても、川口のタワマンは、

セレブ新住民と地元有力者の〝城〟とも推測できる。

ベランダ菜園に見る新旧住民の静かな分断

川口のタワマン住民がどれだけ庶民的かっていうと、それは某タワマンのベランダを目にして実感させられた。筆者がよく知る豊洲や武蔵小杉のタワマンのベランダは、スッキリしていてエアコンの室外機以外は何もないのがフツー。住民は乾燥機付きの洗濯機を使っているから、基本的に洗濯物も干されていない。ところが、川口のあるタワマンではすだれらしきものがあったり、すりガラスの下から葉っぱなどが外に伸びていて、何やら家庭菜園をしているようでもあった。無論、布団や洗濯物も干してある。その雰囲気はタワマンというよりは、どちらかというと団地っぽい。というのも、「川口市マンションコミュニティ連絡協議会」では、わざわざ講師を招いてベランダ菜園の講座を開いていたりもして、けっこう好評らしい。そうした背景もあり、市内のタワマン各所でベランダ菜園が静かなブームを呼んでいるようだ。

ただ、これにあまり良い顔をしていないのが、夢のタワマン生活を思い描き、川口にやってきた新住民。「下の階の人がベランダで家庭菜園をやっていて、けっこうニオイがキツイ」とグチをこぼす新住民もいるようだ。

タワマンでは自治会や管理組合を結成していることがほとんど。しかし新住民はイヤイヤ参加している人も多いそうで（なかにはちゃんと真面目に参加している新住民もいるけど）、積極的に活動に参加したがらない。タワマンの旧住民に向けたインタビューには「新住民の方が自治会活動に参加してくれない」と嘆く声もあった。こうした会にタワマン住民全員がちゃんと参加していれば、先の家庭菜園の問題だって話し合いなどで落としどころを見つけることも可能だろう。だが意思疎通ができていないのでは、両者の分断はしかるべき結果のように思える。

今後は大規模修繕などでも問題が起きかねない。両者の価値観がそもそも違うわけだから、簡単に連携とはいかないだろうなあ。

※　※　※

再開発で新たなタワマンができ、「本当に住みやすい街大賞」に輝くなど、居住地としての川口にスポットライトが当たっていることもあり、新住民は着々と増え続けている。

タワマンではないが、川口の某マンションに住んでいるという新住民の話を聞くことができた。「うちのマンションでは、管理組合長を定年された地元の方がやっていて、何かと〝地域のために〟っていう話をするんですよね。悪い方じゃないのはわかるんですけど、私たちは共働きですし、そこまでいろいろと関わっていく余裕がないんです。その辺は少し考慮してもらいたいなってのが本音です」。新住民はある程度郷に入る必要があるだろうが、住宅ローンを返すためにも夫婦ともども働かなくてはいけない。新住民たちも地元に貢献したい気持ちはあるのだろうが、何と言っても川口には「都心に近いわりに安い」物件があるから来ているわけで、新住民の多くは夫婦共働きが一般的。地域活動に参加したくてもできないジレンマを抱えているのである。

こんなはずじゃなかった!?理想の川口生活はどこへ

住めば都というけれど新住民は不満タラタラ!?

今回の取材で、住民たちが異口同音に口にしていたのが「住めば都」というワードだった。これ、ちょっと何人かが答えたとかいうレベルじゃない。本当に何の誇張もなく、話を聞いた人の〝誰もが〟話していたのだ。現に川口の定住志向はけっこう高い。川口市で毎年実施している「市民意識調査」の２０２０年版では、「住み続けたい」と回答した住民が84・３パーセントに上り、市も鼻高々。他の市と比較してみると、お隣の戸田市は82・１パーセント（２０１８年）で、同クラスの首都圏の中核市・船橋市でも81・２パーセント（２０２０年・質問は住みごこちについて）。魅力がないって言われ続けた川口に、ようやく誇れるポイントができたんだから、市も自慢もしたくなるってもんだ。

ただ、この調査結果をよ〜く分析していくと諸手を上げて喜んでもいられない。居住年数で分類すると、住み続けたいと回答した人は、「在住して30年以上」の87・6パーセント、「生まれてからずっと住んでいる」で89・4パーセント。逆に住み続けたくないと回答した人で最も多かったのは「在住して10年未満」で、28・7パーセントにも上る。つまり、新住民のおよそ4人に1人は川口での定住を望んでいないことになる。その多くは18〜29歳の若い世代だが、勤務地別に見ると、「住み続けたくない」と回答した人の最多は東京勤務。また、埼玉県外から移住してきた人の「住み続けたくない」割合が最も高くなっている。

要は川口で定住志向が強いのは、生粋の旧住民かバブル期以前に移り住んで来た高齢者ばかり。移住してきたばかりの学生や埼玉都民は、それほど川口に執着していない。

もはや完全なベッドタウンと化した川口で、新住民に不満が多いのは大きな問題だ。しかし、「市民意識調査」では、直接的に不満を問う項目はない。現実から目を背けようとする行政らしいやり方だが、それじゃあいくら経っても課題が解決できないままである。そこで、本書が代わって新住民たちの不満を探ってみることにする。

悪しきイメージにより新旧住民の深まる溝

最も多く聞かれたのは道路整備の問題だ。ある40代男性は「信号が少ないわりにやたらと交通量は多いから何度も危ない目にあった」という。筆者も市内全域を運転し、大通りに合流するT字路に信号がないことが多く、強引に合流せざるを得ない状況に何度も遭遇した。挙げ句、川口のドライバーは気が短いようで、大阪並みに激しくクラクションを鳴らす。おそらく新住民も同様の体験をしているのではないか？　市は住民が危険だと感じている箇所には、ちゃんと信号機を設けるべきだ。川口の道路事情を知らない人（新住民は特にね）は多いのだから、運転が気に入らないといってケンカ越しでクラクションを鳴らさなくてもいいじゃない（マジで焦ったよ！）。官民ともに道路事情には改善の余地がありそうだ。

他にも、市役所の対応の悪さや外国人の多さ、治安の悪さなどを挙げる声はあったが、なかでも印象的だったのは「人のイメージが良くない」というもの。市内のマンションに5年ほど在住する30代男性は「街で見かける人のガラが悪いっていうか。外国人もそうですけど、日本人にしてもちょっとホームレスや●ザっぽい人とか、近寄りがたい雰囲気のおじいさんが多くて。西川口なんて何があるかわからないから行けない」なんだとか。新住民の30代女性も「住みづらくはないけど、近寄りたくない場所も多い」と話す。

ただこれは、新住民による誤解と偏見から来る悪しきイメージもある。筆者も取材中に些細な事でオッチャンにキレられたこともあったし、先述したように短気なドライバーと遭遇した。筆者は取材のため、旧住民と話す機会に恵まれ、彼らに誤解や偏見を抱くことはなかったが、旧住民と接触することの少ない新住民がこのような経験をすれば、「川口民=怖い」というイメージを抱くのも無理はない。ただそうなると、いつまでも新旧住民の間の溝は深まるばかり。解決には長い時間が必要だろう。とはいえ、本書を読めば新旧住民・外国人のことは、すぐによ～くわかると思うぞ！

足立区か川口かそれが問題だ！川口南部に押し寄せる人のナゼ

なぜか足立区を下に見る川口民の格付け意識

どんな街でも、隣接する自治体にはさまざまな住民感情が渦巻き、ライバル視したり、いがみ合ったりして、対立構造や格付け意識が生まれやすい。歴史的背景に違いこそあれど、立地条件や街の性質がどうしても似ているため、同じレベルで張り合ってしまうのだ。そんな住民感情によって合併話が頓挫することだってあるし、「埼玉VS千葉」なんて、こうした対立構造の最たる例だ。で、川口民は隣接自治体をどう思っているのだろうか。現地取材で聞いた住民の声をまとめてみよう。まず、ほぼ8割方の住民が敗北を認めていたのがさいたま市と東京都北区。さいたま市は、まだ浦和と大宮が単独であれば、「勝てそうで勝てないライバル」ぐらいに思えた（かつては思っていた住民もいた）かもしれないが、合併したことで、手の届かない存在になってしまった。旧住民は「まさか大宮と浦和が合併するなんて思わなかった。昔は川口の方が勝っているところもあった」そうだ。旧住民のなかには、さいたま市誕生に忸怩たる思いを抱いている人も意外と少なくないのかも。

一方、「北区に勝ち目はないと思います。荒川越えたら別世界です」と語っていたのは川口在住の20代独身男性。また、生粋の川口オヤジも「京浜東北線しかない川口から見れば、赤羽はターミナルみたいなもん。赤羽様ですよ」と、ライバル視するのもおこがましいようで、皮肉を込めつつ敗北を認めていた。

どちらともつかないのが越谷市。市の規模では川口が圧勝していても、レイクタウンの存在感が大きすぎて甲乙つけがたいようだ。レイクタウンは県内でも有数の観光スポットで、越谷の観光入れ込み客数は川口の16倍以上（2017年）。勝っているポイントと負けているポイントがハッキリしているので、川口民は同等レベルで捉えているようだ。ただ、それは若い世代を中心にした価値観。旧世代は「越谷には勝ってるでしょ〜」と高笑いを浮かべる。世代によって、越谷に対する思いは違うようである。

おおよそ川口民が同等か格上に捉えているのはこの3つだけ。つまり、それ以外は格下に見ていることになる。蕨は日本一小さい市、戸田は家以外何もなく、草加はせんべいが有名なだけ……というのはあくまで川口民の弁。なかには「草加せんべいなんて別にうまくないし」なんて放言も聞かれた。格下と見なすや否や、威勢が良くなるのも川口民の特徴で、旧住民は辛らつに、新住民はオブラートに包んで表現していたものの、ちょっとした優越感に浸りたがる（まあ、共通した価値観といえなくもないんだよね）。

でも、敵わないと思っているはずの東京なのに、足立区まで格下に見られているのは不思議だ。新旧含めた川口民が「足立区よりは絶対に上！」と、川口優位を信じてやまない。元郷の新住民は「足立区に住むぐらいなら川口の方がマシだと思ってる」と豪語していた。確かに足立区は一般的に治安が悪く、怖いイメージがあるが、近年は意外と暮らしやすいという評判もチラホラ聞こえてくる。となれば、まがりなりにも東京だし、足立区を選んでもよさそうな気もする。どうして移住者は川口と足立区を比較した場合、川口を選んでしまうのか？

町工場と旧住宅街が入り混じるビンボー区

両自治体の位置付けをざっくり概観していこう。まず東洋経済の「住みよさランキング」では、川口市400位、足立区342位と川口の負け。ただ、財政力指数では川口が圧勝していて、自治体の実力は川口の方が断然優位といえるだろう。当然ながら財政力が高ければ、住民サービスにも大きな差がある。川口は子育て支援に非常に熱心だし、ファミリー世帯は川口の方が住みやすそうだ。人口増減率で5ポイント、将来推計人口で15ポイント近くも差が開いているし、衰退と無縁の川口は未来も明るい気がする。

川口駅周辺だったり、エルザタワーのある元郷2丁目周辺、戸建て住宅の多い東川口・戸塚エリアが人気なのはよくわかる。だが、足立区との境界にして、工場や倉庫ばかりの領家や弥平にまで、新住民が増えているのはなぜか。この界隈は川口駅や川口元郷駅からも徒歩10～15分ぐらいはかかるし、買い物に便利な施設へも遠い。領家や東領家周辺は工業地域で、町工場も少なくない。これなら、隣接する足立区舎人地区に住んだ方が公園や緑も多いし、住環境も良さそうだ。それでも東領家2丁目や弥平2丁目は着々と人口が増えている（2010～2019年での人口増加率はおよそ102～107パーセントほど）。派手さはないが、毎年住民を獲得する安定感は舎人地区以上だ。

で、何度か周辺を散策して住民のナマの声を聞こうと思ったのだが、まるっきり人に遭遇しない。廃屋からネコがこちらの様子を伺っているぐらいなもんだ。寂れた旧住宅と、おそらく営業していないだろう喫茶店などの店舗が暗い印象を醸し出す。それでも県道107号周辺には工場の隣に小規模なペンシルハウスがあったりして、移住者はそれなりにいそうだ。残念ながらこの地区で新住民と接触することができなかったので、近くの不動産屋に話を聞いてみた。「まあ、この辺はご覧の通り工業地区でしょ。だから地元民にもあんまり人気はなくて、同じ市内でも相場が2～3割ぐらい安いんだよ。舎人地区なんてリッチなもんでさ。あっちも交通の便はよくないけど、東京都って冠があるからね。芝川を境にこっち側の方がまだまだ安いんだよね。それに安い賃貸マンションもあるから、工場で働く単身者なんかも多いんだよ。昼間は人通りがほとんどないでしょ」と、理由を語ってくれた。

つまり、領家や弥平にあるペンシルハウスには、川口市の中心部や足立区の新築一軒家に手を出せない新住民層が住み、賃貸マンションには近隣の工場の労働者やサラリーマン、学生などが住んでいるということか。まあ、確かに舎人地区に並ぶ1軒家よりも小さめの住宅が多く、停まっている車も軽が目立つ。いわばここは川口の単身者向けエリア。ゆえにスーパーなど買い物ができるスポットが少ないのが難点か。

ただ、この界隈はまだまだ発展の余地がある。廃屋や使用されていない店舗が多く、区画整理さえ進めば、大規模開発ができる土地が余っている。土地だって安いんだから大型マンションでも建てば、それなりの商業施設も併設されるかもしれないし、どこかのデベロッパーが大規模な宅地開発に乗り出せば、住みやすいエリアに変貌するかもしれない。

でも川口行政の開発方針は相変わらず中央地区ばかり。今は川口駅前の川口

足立区舎人地区は低層の戸建て住宅が目立つ。静かではあるが、ガラの悪いオッチャンとの遭遇率は高い

銀座商店街近くのタワマン建設がメイン。ただその規模はわずか1・1ヘクタール。ならいっそ領家周辺一帯を大開発したほうが面白いことになりそうだ。西川口にしろ領家にしろ、現地に行くと川口行政の開発方針は市内全域に行き届いていないように感じられる。すでに川口駅前のハコモノ開発は供給過多気味。市内全域を見渡してみれば、もっと開発に向いているエリアはある。対足立区（東京）で優位に立つ、川口南部。今が住宅開発の攻め時だと思うが、どうでしょう？

東川口で新住民のマイカー族が急増中!?

市内屈指のベッドタウンは住民たちの評価も上々

筆者が市内で最も暮らしやすそうな印象を受けたのは、他でもない東川口駅周辺だ。駅前はそれほどキレイなわけじゃないが、道が広くて車も歩行者も通行しやすい。ダイエーや西友などのスーパーもそろっているし、適度な広さの公園も整備されている。個人的にはラーメンの名店が多いのも良かった。居酒屋にしろ、チェーンから個人店まで多彩だ。チェーン店だらけの川口駅に比べて飲食店の個性が強いので、街を散策する楽しみが多いのもプラス材料だ。

肝心の住宅事情だが、相場で見るとマンションは平均約2400万円、戸建て平均約3500万円とそれぞれ川口駅周辺よりも100〜3000万円ほど安い。賃貸料も3LDK～4DKで10万円以下で、都内に比べれば格段に安い。かといって住宅の雰囲気も、無理して建てたような狭小住宅ではなく、地方で見かけるごくフツーの1軒家。戸塚方面まで出れば、けっこうな豪邸を見かけることもあるし、整然と住宅が並んでいて、死角になりそうな細道があまりないので治安の面も心配は少ない。ときどき夜中になると、けやき通りにどこからともなくヤン車が現れるそうだが、それも昔に比べれば台数も少ないし、一般人に危害を加えることはほとんどない。東川口はベッドタウンとして、市内でもトップクラスの快適さだといえるだろう。

住民たちの評価も上々だ。戸塚在住歴20年を超える60代男性は「けっこう住みやすいと思うよ。西の方はゴチャゴチャしてるけど、こっちは余分なモノが少ないからね」と胸を張っていた。こうした住環境の良さは数字にも表れている。東川口も含めた戸塚地区は、ここ2010～2019年までに113・1パーセントの人口増加を記録した。これは他の地区を凌いでトップだ。さらに39ある町丁のなかで、人口が減少しているのは5つのみ。中央地区以上に新住民だらけの街なのだ。

鉄道開通で人口増加　でも、生活の足は車

東川口に住民が増加したのは、2度の鉄道開通の影響が大きい。最初の波が押し寄せたのは1980年代。1973年にJR東川口駅ができてから戸塚堺町に分譲住宅が林立し、駅前にマンションが建つようになった。やや古い資料だが、『川口市・鳩ヶ谷市（地図に刻まれた歴史と景観　明治・大正・昭和）』（1993年・新人物往来社）によれば、1979年に1カ所だった駐車場は、1992年に249カ所、分譲マンションやアパートが22棟から327棟に急増したという。

そして第2の波は、埼玉高速鉄道が開通した2001年。その後わずか1年で人口は2000人も増加した。それに伴って行政では東川口駅周辺のまちづくり計画を決定。こうして現在の北口と南口の街並みができあがった。そこから東川口は毎年800〜1000人ほども人口が増加。埼玉高速鉄道の開通当初5万人強だった戸塚地区は、今や7万人を突破しそうな勢いで、川口新住民の聖地となっている。

交通インフラの整備は移住民を惹きつける強力な武器になる。東川口の新住民たちもさぞや快適な埼玉高速鉄道ライフを送っている……と思いきや、取材をしてみると案外そうでもない。東川口在住の40代男性によれば「電車は通勤以外にはほとんど使わない。この辺に住んでいる人は生活に車は欠かせないはず」という。

東川口の住宅街は、北から南の広大なエリアに及んでいるため、駅から徒歩で家に帰るのはけっこうな重労働。バス網もある程度整備されてはいるが、場所によっては1時間に1本しかないこともある。要するに駅が家までの導線になりきれていないのだ。駅前で車の送迎をよく見かけるように、東川口は完全な車社会でもある。飲食店に出かけると、行きは夫の運転で、帰りは妻なんていう光景もよく見かけるらしい。つまり、東川口の新住民たちは、そのほとんどがマイカー族なのである。

ただ、車社会だからといって行動範囲が広いわけでもないのが東川口っぽいところ。ちょっとした買い物に行くのはイオンモール浦和美園がメインで、西に出るとしたら、せいぜいララガーデンぐらい。遊びはイイナパークや川口自然公園、あるいは川口民最大の憩いスポット・グリーンセンターまでしか足を伸ばさない。あるいは高齢者なら川口総合病院はよく利用しているそうだ。そのため、川口駅前の商店街や西川口の繁華街なんてほとんど行く機会がないし、あちらのコテコテ川口民との交流なんて、まるっきり皆無。どちらかといえば浦和の方がシンパシーを感じている。こうした慣習は何も新住民だけではない。生まれが戸塚だという男性によれば「あそこは、もともと美園村だったし、昔から川口というより生活圏は浦和の方が近かったんだよね。道路を走ってたら気づくと思うけど、東川口から安行までの導線は何本もあるけど、西の方に出る大きい道路は少ない。それに埼玉高速鉄道にしたって川口駅には出づらいでしょ？　だから、同じ市民っていう共通認識が薄いんじゃないかな？」と、その住民気質もたっぷりと語ってくれた。ただ、だからといって彼らが川口民だと思っていないわけではない。東川口民がイメージする川口のなかに、市の西側が欠落しているのだ。なので、東川口民の「川口は好きですよ」という言葉には、西側は含まれていない。驚くことに、若い新住民のなかには川口オートの存在を知らない人さえいるのだ。

東川口駅前にはマンションもあるが、基本的に戸建てが中心。ロータリーには送迎の車がひっきりなしに行き交っていた

東川口周辺エリアは、いわば川口であって川口ではない独立国家ともいえる。旧住民でさえ、そうした意識でいるのだから、新住民はなおさらだ。たまには西側に足を延ばしてみてもいいと思うんだけど、「向こうの駐車場は高い」と敬遠。どこかに遊びに行くとき、真っ先に駐車料金を思い浮かべるあたり、まさしくマイカー族と呼ぶにふさわしい。

浦和民を自称する川口北西民のプライド

ちょっとトホホな芝民たちの浦和プライド

テレビ番組の街頭インタビューでもありがちだが「あなたはどこ出身?」という質問は、その地域の住民がどこにプライドを感じているかがよくわかる。たとえば、大宮出身者はほとんど「さいたま市」とは答えないし、逆に見沼区出身者は躊躇なく「さいたま市」と答える。まあ、どちらも間違ってはいないので、とくに問題はないのだが、川口民のなかに出身を素直に「川口」と答えない者たちがいるという。それが北西部に広がる芝地区住民たちだ。

芝地区の範囲は、東は柳崎、西は芝富士、南は芝中田、北は小谷場とけっこう広い。そのわりに鉄道空白地帯となっており、地区北部は東浦和か南浦和、南部は蕨駅が最寄り。江戸以前、この地区は道路事情が悪く、「下駄の歯も潜る」といわれるほどの悪路しかなかったそうで、明治期に道路整備が行われるまでは水田しかなかったらしい。本格的に宅地化したのは高度経済成長期以降のことで、京浜東北線沿線にありながら市内でもかなり開発が遅れたエリアでもあった。現在ある宅地の多くは水田を埋め立てて造成され、60～70年代になってようやく開発ラッシュを迎えた。そのため、芝地区には代々家督を受け継いできた生粋の旧住民が少ない。高度経済成長期に移り住んできた「オールド新住民」を含めて、大半は市外出身の新住民で構成されているので、「川口プライド」がそもそも希薄なエリアなのだ。

さらに、芝地区は近年すこぶるイメージがよろしくない。もっぱら報道されるのは外国人ばかりの芝園団地だったり、クルド難民の問題などなど。芝地区にもちゃんと日本人は住んでいる（当たり前か！）のに、そちらが話題に挙がることはほとんどない。その上、知名度も低く、愛着のない川口を名乗るのは気が進まないのだろう。というわけで、芝民は出身地を聞かれたら、最寄り駅が南浦和や東浦和なので、「浦和の方」などと答えることが多いそう。川口民なのに「浦和」を名乗ること自体、川口旧住民から見れば不届き千万だが、そもそも南浦和も東浦和も正確にいえば、それぞれ南区と緑区に属し、決して中心の浦和区じゃないのがトホホ。根拠が駅名だけというのは心もとないが、こうした意識はわりと浸透しているようだ。というのも、さいたま市との境界部にある小谷場のマンションはことごとく「南浦和」を名乗っている。ネットで住宅情報欄に「南浦和○○」という名前のマンションの住所が川口市大字小谷場と表記されていたりして、川口のブランド力の無さを痛感する。

この事実を現地民がどう受け止めているのかツッコんでみると、「いや、実際使うのは南浦和駅だし」とか「浦和っていった方が伝わりやすくない？」と、開き直りともとれるような反応が返ってくる。まあ、それはそれで悪いとはいわないが、少なくともそこに川口への誇りはまるっきり感じられない。

ただ、こうした川口北西部の「浦和偏重」はけっこう空回りしている。南浦和民に、芝民の住民意識をぶつけてみると、「川口市と南区はまったく違うよ。だってこっちはさいたま市だもん。全然絡みはないし、同じ浦和民っていわれてもちょっとねえ」と、せせら笑い。ちなみに、彼らも決して浦和区民ではなく南区民なので、そのことをツッコんでみると「だって駅名が南浦和だもん」と芝民と同じ返答。こちらはこちらでシュールだが、浦和ブランドのスゴさを改めて実感せざるを得なかった。

真の浦和民になるべく教育熱がめっちゃ高い！

芝民のちょっと空回り気味な浦和への帰属意識だが、意外にプラスに作用している側面もある。それが教育だ。埼玉県は学区制限がなく、公立高校なら県内のどこでも受験できるため、ウラコーこと浦和高校を筆頭に、浦和区の名門校への進学を狙っているという。芝在住ファミリーたちはガチの浦和民になるべく（？）、子供たちをかなり熱心に指導しているらしい。なかでも小谷場中学校は市外からの評判も高い。地域ぐるみで子供の教育に力を入れており、小学校と連携して９カ年での教育を目指しているという。こうした取り組みが功を奏して文部科学大臣表彰をもらったりもしている。また、近隣塾の発表などを見ると、小谷場中から偏差値65以上の浦和の高校に合格した例も多々。子供

川口北西部の住民が利用する南浦和駅。川口への帰属意識が薄く、むしろ浦和民を自称している!?

が浦和区内の名門に通うのは、芝ファミリーにとって最大の栄誉なのだろう。

川口旧住民から見れば滑稽に映るかもしれないが、高みを目指すのは決して悪いことではない。現状、川口市内の教育レベルが決して高くないなかで、必死に上のレベルに食らいつこうとする芝民の姿勢や良し！　浦和の名前にあぐらをかいている南浦和民（南区民）の鼻を、川口民にもっとあかしてほしいものである。

※　※　※

芝民はいい意味でも悪い意味でもマイペースで生きている。ちょっとした買い物も南浦和駅から武蔵野線でレイ

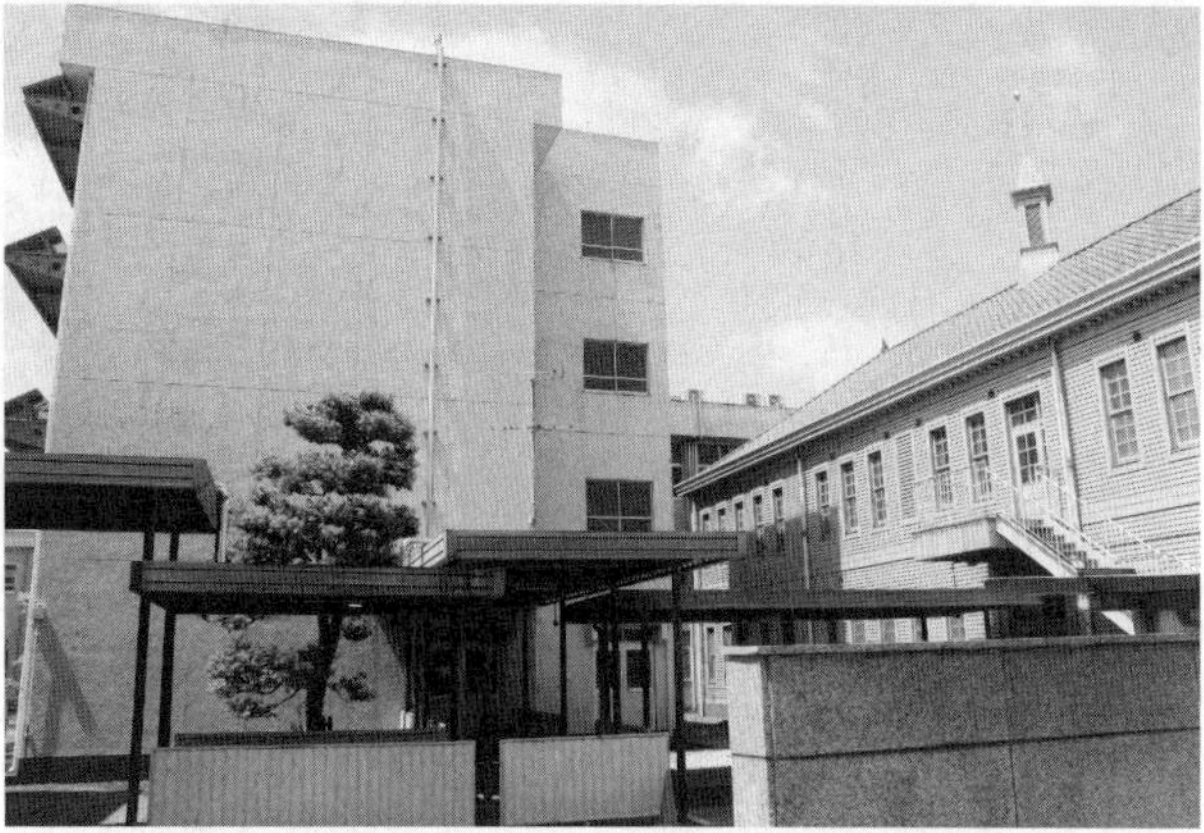

県下でも有数の名門高でもあり、東大進学者を多数輩出するウラコー（浦和高校）は芝民の憧れ。そのため、教育熱はかなり高い

クタウンまで行くことが多いらしく、あまり川口駅前を積極的に利用しようという人は少ないそうだ。いわば中間地点にあって、独立地区的な意識を抱いているとも考えられる。

小谷場中学校では、新たにグローバル部なる部活動も新設されたらしい。名前だけだと何をしているのかわからないという意見もあったらしいが、どうやら英語の語学学習をメインに、国際理解を深める活動を進める方針らしい。さすが教育熱心といわれる中学校である。今後の活動次第では、小谷場中を代表する部活動になるかもしれない。

川口市コラム 4

川口のビミョーな住宅相場

狭い市域に、60万人超が生活する川口市。当たり前だが、みんながマイホームを手に入れているわけではない。事実、川口市は持ち家世帯比率は59・9パーセントと全国814都市中672位(東洋経済新報社『都市データパック』)の低さだ。となると、気になるのが家賃の相場。たくさんの人が流入してくるのだから、安さが売りなの⁉

不動産情報サイトの「アットホーム」によると、川口市内の賃貸物件の家賃相場は1R・1Kが5・81万円、1~2DKが7・02万円、2~3LDKが8・78万円。これだけ聞いても高いのか、安いのかさっぱりなので周辺地域と比較してみる。

隣接するさいたま市南区は、1R・1Kが5・99万円、1~2DKが7・69万円、2~3LDKが9・13万円で、部屋数が増えるほど南区の方が高

くなるが相場はほぼ同じ。また、同緑区は、順に5・8万円、6・59万円、7・79万円と広い部屋ほど川口より安い。これは、緑区の2駅（東浦和、浦和美園）が便利でもないからだろう。もう少し西の浦和区は1R・1Kが5・87万円、1〜2DKが8・3万円、2〜3LDKは10・71万円と川口より軒並み高い。大宮区も同様だ。では、南に位置する東京都北区はどうか。さすが都区内、1R・1Kは7・8万円、1〜2DKは10・51万円、2〜3LDKは14・74万円と断然高い。

続いて、駅から徒歩20分圏内の賃貸物件に絞る。川口駅は1R・1Kが6・3万円、1〜2DKが7・67万円、2〜3LDK

が9・58万円。対して、北区の赤羽駅は1R・1Kが7・64万円、1〜2DKが10・61万円、2〜3LDKが14・7万円。川口駅と赤羽駅では、1Kひとり暮らしでは1万3千円円程度の差が、ファミリー物件になると5万円以上。これぞ東京と埼玉の格差だ。市区境を流れる荒川の川幅は、見た目よりもずっとずっと広いのであった。「京浜東北線、地獄のラッシュ3分間」を我慢して川口居住を選択する若者らがいるのも頷ける。

ちなみにだが、西川口駅の賃貸相場は……1R・1Kが6・01万円、1〜2DKが7・4万円、2〜3LDKが9・39万円。あれれ、想像に反して川口駅のそれと変わりがない。これには、中国人を筆頭にした外国人需要の高さが、高止まりを招いている感がある。と同時に、一家の主が都内のIT企業などに勤務し、高収入を得ている姿も浮かぶ。

最後に夢のマイホーム、一戸建ての相場はどうなっているのだろう？　川口市は、さいたま市緑区や草加市、越谷市あたりより高いが、さいたま市南区、東京都北区はもちろん、足立区よりは安価。荒川は足立区との市区境でも格差を生んでいる。

第5章
川口原住民の独特な価値観

根っからの川口住民はどこにいる？

川口の原住民の生息域は市域中央部!?

川口駅周辺に次々とマンションが建設され、西川口一帯には外国人が押し寄せる川口市は移住者たちのパラダイスだ。

堅固な財政力を基盤に、中核市として裁量権の広がった市政をうまく活用すれば、川口は今後さらなる発展を遂げる可能性もある。今後、川口はベッドタウン化をますます推し進めていく方針で、看板の鋳物業が衰退の一途を辿るなか、増え続ける人口だけが拠りどころとなりつつある。そんな現状にあって、川口を支えてきた旧住民（原住民）の実態が伝えられることはあまり多くない。

だが、市内のあちこちを巡っていると、先祖代々から川口に住む人々に出会う機会が意外と多い。西川口に残された日本人向けの昭和な居酒屋では、テレビでオートレースの生中継が流れ、オッチャンたちがレースの結果に一喜一憂しながら、ホッピーを傾けているし、東側の安行を訪れると、植木農家らしき人々が忙しなく作業している姿をよく見かける。川口は決してファミリー世帯の新住民ばかりというわけではなく、エリアによっては、古くからの気質や慣習を残すコテコテ原住民たちばかりだったりもする。

そんな旧住民たちの生息エリアは市内のあちこちに点在している。新旧住民がモザイク状に居住しているのが川口の特徴。というのも大規模なニュータウンなどがなく、ハッキリとした住み分けラインがないからだ。中央地区や南平地区のタワマンにも旧住民が居住しているぐらいで、各地区で同様の現象が起きている。

ただ、歴史的背景や住民たちの証言などを基に探ると〝比較的旧住民が集住する〟エリアを絞り込むことはできる。

たとえば、北西部の芝地区は高度経済成長期以降の宅地開発によって、古くから農業を営んできたような旧住民はほとんどいなくなった。同様に、東川口

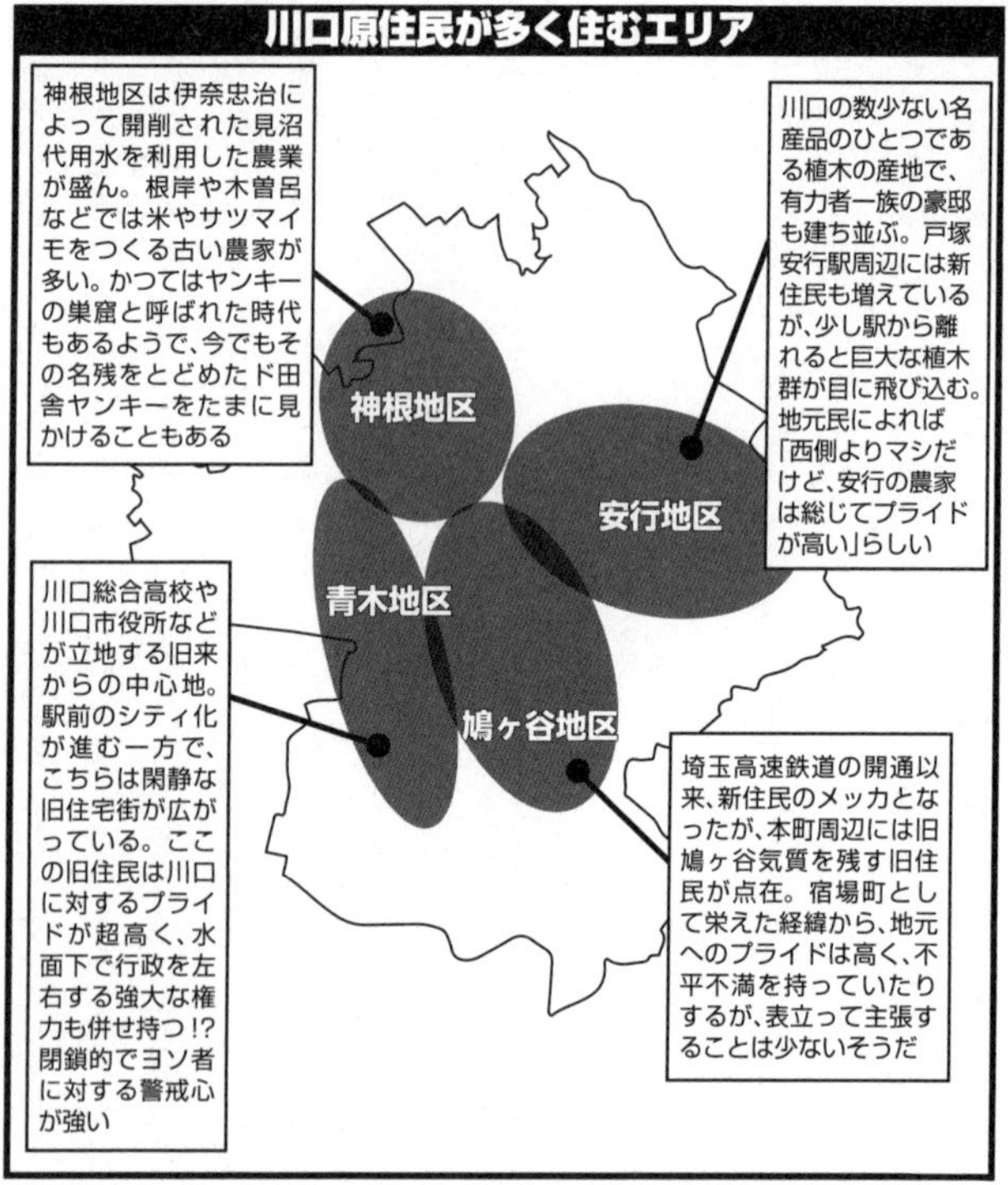
川口原住民が多く住むエリア
神根地区は伊奈忠治によって開削された見沼代用水を利用した農業が盛ん。根岸や木曽呂などでは米やサツマイモをつくる古い農家が多い。かつてはヤンキーの巣窟と呼ばれた時代もあるようで、今でもその名残をとどめたド田舎ヤンキーをたまに見かけることもある
川口の数少ない名産品のひとつである植木の産地で、有力者一族の豪邸も建ち並ぶ。戸塚安行駅周辺には新住民も増えているが、少し駅から離れると巨大な植木群が目に飛び込む。地元民によれば「西側よりマシだけど、安行の農家は総じてプライドが高い」らしい
神根地区
安行地区
青木地区
鳩ヶ谷地区
川口総合高校や川口市役所などが立地する旧来からの中心地。駅前のシティ化が進む一方で、こちらは閑静な旧住宅街が広がっている。ここの旧住民は川口に対するプライドが超高く、水面下で行政を左右する強大な権力も併せ持つ!? 閉鎖的でヨソ者に対する警戒心が強い
埼玉高速鉄道の開通以来、新住民のメッカとなったが、本町周辺には旧鳩ヶ谷気質を残す旧住民が点在。宿場町として栄えた経緯から、地元へのプライドは高く、不平不満を持っていたりするが、表立って主張することは少ないそうだ

を中心とする戸塚地区も鉄道の開通によって新住民を獲得して発展を遂げた街だし、横曽根地区は30年以上も前にマンション建設ブームを迎え、今では外国人が重点的に増え続けている。こうしてひとつずつ地区ごとに潰していくと、旧住民のメイン生息エリアが絞れる

のだ。公園のベンチでカップ酒を煽っていた旧住民によると「青木とか神根、安行なんかは昔ながらの人が多いよ。青木は昔っからの市政の中心地だし、神根と安行は代々の農家がけっこういるからさ。けっこう金持ちもいるんだよ」と、ほろ酔いながら市内の旧住民事情を教えてくれた。また、日光御成道として栄えた鳩ヶ谷地区は戦後の大宅地開発などに増加した「オールド新住民」が多いが、本町周辺には根っからの鳩ヶ谷民が住んでいることを付け加えておく。こうしたデータによる絞り込みと取材を基にマップ化したものが上図だが、概観すると、旧住民の生息エリアがほぼ市域の中央に固まっていることがわかる。これは、埼玉高速鉄道の開通以前、ＪＲ沿線を中心に開発が進められたことが大きい。中央部のランドマークでもある青木町公園はベビーカーではなく、押し車を押すご老人たちのパラダイスで、リリアパークとは対照的な光景が広がっているし、見立てはそれほど間違ってはいないように思うが、いかがだろうか。

川口気質を象徴する偏狭な価値観

こうした旧住民の生息エリアのなかでも、「ザ・川口民」とも呼べる人種が多いのは青木地区である。先に述べたほろ酔いの旧住民は「青木は戦前から川口の中心部だったからさぁ。市役所も青木にあって駅からけっこう遠いでしょ？あれは昔からの名残だよ。おエライさんとかも多いから、移転話が持ち上がったときは、そりゃあ青木の古い連中から反対にあったらしいよ。ほんで今、昔の市民会館があったトコに新庁舎建ててるんだけどさ、ほんの数十メートル駅に近くなっただけ。キュポ・ラにあんなでっかい支所があんのにバカみてぇだよな」と苦笑を浮かべていた（酔っているからキュポ・ラのろれつが回らずつらそうだったなあ）。

この市庁舎の建て替えは揉めに揉めたらしい。新庁舎建設が検討されたのは2006年のこと。1959〜1972年にかけて建てられた現庁舎は老朽化によって耐震性に問題があると発覚したのだ。市議会で耐震補強費用と建て替えの場合の費用を鑑みて、建て替えの方向で検討が進められることが決定。こうして川口市庁舎建設審議会では2012年からおよそ1年をかけて新庁舎の建設場所を決定したのだが、当時の公表資料を見ると、「総合的に判断してスキップシティの方が移転場所として優れている」との判断が下されていたにもかかわらず、結果的に現状とさほど変わらない市民会館跡地に決定された。その理由は「歴史的経緯や市民の思い等を斟酌したため」だという。市は表現を和らげているが、要するに住民（旧住民）の反対にあったのだ。新庁舎の住所が幸町1丁目にはなるが、これは現庁舎のはす向かい。立地条件はほぼ変わっていない。ちなみにもうひとつの候補地でもあったスキップシティは上青木3丁目で、現在地よりもさらに北側にある。川口駅からはかなり離れるものの、キュポ・ラにリッパな分庁舎があることを考えると、スキップシティの方が、芝民や神根民など北部の住民にとっては行きやすくなる。より広い範囲の市民が利用しやすいのは、明らかにスキップシティだったのだ。

しかし、一部の市民感情に配慮した結果、中途ハンパな場所に新庁舎が建設されることになった。おそらく反対したのは古くから青木地区にプライドを抱く旧住民たちと推測できる。断言はできないが、メリットが大きいのは青木民だし、歴史的経緯を主張するということは川口の歴史をよく知る旧住民以外にありえない（地権の問題もありそうだけど）。ただ、青木地区の旧住民が厳然たる力を持っているとすれば、それは川口という街に古い時代からずっと住み続け、川口と共に生きてきた彼らの特権というものであろう。

一方の神根や安行といった地区の旧住民はどうか。まず現地で聞いたのが「神根はヤバイ」というお話。神根地区は公営住宅が多いちょっとしたビンボーエリア（金持ち農家もいるけどね）で、かつてはヤンキーの巣窟だったらしく、周辺道路では暴走族が幅を利かせていた時代もあったそうだ。ただ、それは80〜90年代の話で、今は平和。農家のオッチャンが軽トラで往来する牧歌的な光景が広がっている。取材中、原チャリに2人乗りしているヤンチャな若者とすれ違ったりはしたが、たったの1組だから、それもまた田舎ののどかな光景ではある。

安行もまた神根のような農業エリアだが、こちらは川口の特産に挙げられる植木の名産地。行けども行けども植木ばっかりなのだが、それを栽培しているだろう家の敷地が広いのなんのって。旧住民のいう金持ち農家は安行周辺に多く存在していると思われる。隣接する新郷地区で生まれ育った20代女性も「あの辺は先祖代々の名家一族もいるよー」と、具体的な名前も教えてくれた。それだけ安行には地元で名の知れた有力者たちが多いのだろう。

さて、最後の鳩ヶ谷地区は合併の経緯を見てもわかるように、地元愛の強い旧住民が健在で、独特の格付け意識（範囲がチョー狭い！）を抱いていたりする。詳細は後述するが、こちらはこちらで青木地区のコテコテ川口民とタメを張るぐらい偏屈な側面を感じさせる面白い人たちだ。

このように、市中央部に分布する川口旧住民たちは、各エリアによって生態がビミョーに異なり、かつそれぞれが強い価値観を持っている。よって、ヨソ者にはわかりづらい意外なポイントで逆鱗に触れてしまうこともあるので、イチゲンさんはとっつきにくい。新住民たちが内心付き合いづらいと感じるのもよくわかる。

2020年３月に完成した川口新庁舎。かなりキレイで使いやすそうなのは確かであったが、移転先が目の前ってのもね

川口新庁舎の目の前の旧庁舎跡地。川口市にいくらタワマンが多いからといって、ここにタワマンは建設されないハズ

川口原住民は頑固者ときどき瞬間湯沸かし器!?

多摩ナンバーはそんなに悪いこと？

川口を取材するにあたり、今回は筆者所有の多摩ナンバーのマイカーを駆り出して市内を回った。取材の際は、駐車場に停められないケースもあるし、迷ったときに地図を確認するため、ハザードランプを出して路肩に一時停車することもある。もちろんなるべく迷惑にならないよう、道路幅などを安全面も考慮した上でだ。

本書シリーズでは全国津々浦々、まったく同じ方法で取材している。だが、川口で初めて体験したことがある。ハザードランプを点灯して停車中（筆者は乗車して地図を確認中）に、フロント部とリア部のナンバーをジロジロと見つめまわすオジサンに遭遇したのだ。何やら怪訝そうな表情を浮かべ、去り際には運転席にいた筆者にニラミを利かせていた。場所は青木地区で、交通法を犯したわけでもなく、通行の迷惑になるわけでもなかった。その道は比較的道幅が広く、路肩に停めていたにしてもゆうに2台はすれ違えるぐらいだった。ただ、車から降りて呼び止めると不穏な空気になりかねないし、トラブルは避けたかったので、声はかけなかった。ガラが悪いといわれる関西一円や名古屋でもこんな経験をした記憶はない。

推測するに、住宅街に近い路肩に駐車していた点、そしてその車が多摩ナンバーであった点、の2点が気に障ったのかもしれない（もちろんただの変わり者だった可能性もある）。市内を走っていて気づいたのだが、見かける車は川口、大宮、足立ナンバーがほとんど。春日部や川越といった県内の他ナンバーも見かけるのはまれだったし、他県ナンバーはほとんどが大型トラック。つまり川口市内を東京都下のナンバーが走ること自体珍しいのかもしれない。そんなどこその馬の骨が路肩に駐車しているのが気に食わなかったのだろうか。でも、どんな理由があるにしたって、どうしてガンまでつけられなきゃならんのだ！

川口原住民のステレオタイプ

服装はヤンキー崩れ!?

あきらかにひと昔のヤンキーファッションを基本に、わかりやすいほどのギャンブラー要素が盛りだくさん。ジャージ、スウェット、ＭＡ－１を三種の神器とし、清潔感など意に介さない

髪は脂っこい

短髪でも長髪でも、セットもへったくれもないテカテカのボサボサヘアー

路上喫煙は当たり前

昭和の名残りなのか路上喫煙をしているオッチャンが多い。せめて人通りには気を遣ってくださいよー！

なぜか色黒

海なし県なのにけっこう色黒率が高い。職人として長年働いてきた苦労が刻まれているのかも!?

基本はツッカケ！

靴の量販店で買ったようなツッカケのカカトを鳴らして闊歩

なぜ冒頭でこんな体験談をしたかというと、川口原住民の気質を表す良い例だと思ったからだ。川口にはマンションが次々と建ち、新住民が大量に流入している。ゆえに川口原住民はそれなりにオープンな気質なのかと思いきや、体感したのは逆のクローズドな気質。おそらくその閉鎖性は全国有数ではなかろうかとも思っている。

たとえば、常連客で盛り上がる狭い大衆食堂に入ったときの話だ。筆者が見知らぬ顔だとわかると、店の空気が一瞬止まり、数秒間の沈黙が流れた後に、各々ドッと笑い出すのだ。店員も一瞥をくれただけで注文を取りに来ようともせず、カウンターの客とのおしゃべりに夢中である。まあ、そこまではいいのだが、こちらが店員を呼ぶと、また数人の常連客らしき人物の冷たい視線が体に突き刺さる。ガンつけが川口名物なんじゃないかと、やや気まずい空気のまま飯を食ってみると、意外にウマい。それが何だか悔しくて、思わず何から何までかっ込んでそそくさと店を出た。

新住民の多くが「川口民は取っ付きづらい」と評していた理由を身に染みて感じた瞬間。ホント、考え方とかやることが閉鎖的で、田舎の人と同じなんだよなぁ。

理不尽ブチギレ連発！　短気すぎやしないか

実は、全部紹介してたらキリがないほど、筆者はあちこちで原住民らしき川口民にキレられている。しかも、そのどれもがけっこうな理不尽だ。川口原住民は、自分が常識や正論を述べていると考えているようだが、世間のスタンダードから逸脱した理屈も多い。道ばたで話を聞いたら「謝礼は？」といわれ、「申し訳ありません」と平身低頭、謝罪したのだが、ガチで怒鳴り散らされたこともあった。これもあちこちで取材していて初めてのことだった。こちらが悪いのなら謝っても気分を害すことはないが、頭ごなしに「お前が悪い」と決めつけられるのは本当に心外である。

こんな偏った価値観がまかり通っているのも、旧住民のコミュニティが閉鎖的かつ閉塞的だからだ。20代の若い旧住民に、このキレられエピソードを話すと「川口の古い人はほとんど市外に出ないから、外の世界を知らない頑固者が

川口原住民は、ものすごい短気。くたびれたキャップをかぶったオッチャンは原住民の可能性が高いので要注意!?

多いの。悪気はそんなにないんだけど」と分析していた。川口原住民の偏った価値観は、新住民が川口に馴染めず、愛着を抱けない理由のひとつではないか。そういえばある川口原住民はこうも言っていた。「新住民は町内会とかに参加して欲しいよ。でもこっちから誘わないよ。向こうから来てくれたらの話」。あくまでも受け身。なんというアマノジャクだろうか。

さて、ここまで書いておいて何だが、誤解がなきよう取材に快く応じ、人当たりもよい優しい人がたくさんいたことも付け加えておきたい。でも先の人たちの存在は紛れもない事実です。

ないないコンプレックスをまとう格上意識が強い鳩ヶ谷原住民

原住民に受け継がれた「格上」意識のDNA

知名度において、川口が鳩ヶ谷を圧倒しているのは紛れもない事実だ。しかし、明治初期は鳩ヶ谷の方が栄えており、実際に1876年の人口は川口2494人に対して鳩ヶ谷3613人。また、明治時代の鳩ヶ谷は、県南随一の商業都市として栄えていた。こうしたことから、鳩ヶ谷の原住民には「川口より鳩ヶ谷が上」というプライドが深く根付いている。

そして、「格上感」とワンセットなのが「鉄道が……」という恨み節。鉄道の有無で、その後の鳩ヶ谷と川口の明暗はきっちり分かれた。だから「鉄道がない」というコンプレックスは常に付きまとう。埼玉県民には「海がない」コンプレックスがあるというが、鳩ヶ谷の場合は「鉄道がない」コンプレックスがそこに加わっていた。それだけではない。旧鳩ヶ谷市内には高校（1988年鳩ヶ谷高校開校）、警察署（1978年武南警察署開設）がない時代も長く続き、またマクドナルドができたのは埼玉高速鉄道開業後と、21世紀に入ってからのこと。よって、「どうせ鳩ヶ谷には○○がないんだから」という自虐的感情が根底に流れている。つまり鳩ヶ谷民は埼玉県民中の埼玉県民ともいえるのだ。

ただ旧鳩ヶ谷市民＝鳩ヶ谷原住民というわけではないのもミソ。原住民は、鳩ヶ谷最盛期を知る世代のDNAが流れる3・4世を指す。この「鳩ヶ谷原住民3・4世」は「鳩ヶ谷が格上」というDNAをきっちり受け継ぎ、今も川口への嫌悪を少なからず持っている。よって、川口への吸収合併に今も納得していないのだ。

一方、戦後のベッドタウン化で鳩ヶ谷へ移り住んだ世代が「鳩ヶ谷旧住民」だ。この旧住民に対しては、原住民の洗脳というべきか、鳩ヶ谷格上DNAの移植に成功している。そして、埼玉高速鉄道開業前後から現在までに鳩ヶ谷に移り

鳩ヶ谷原住民のステレオタイプ

ラフ過ぎる格好はあまりしない

外出時にいい加減すぎる格好はあまりしない。夏場は渋目のポロシャツ。その他の季節では品の良いジャケットを羽織るなど、派手さはないがどこに出ても恥ずかしくないようなファッションを心掛けている

外出時は帽子

鳩ヶ谷を歩くとオッサンの帽子率がかなり高い。キャップとハンチングが双璧で、これからオートや競馬に行くのだろうか？

ルックスは朗らか

鳩ヶ谷原住民は優しそうで、見た目から川口に対する怨念はまったく感じられない。ただ目つきは意外と鋭かったりする

革靴よりも運動靴

鳩ヶ谷地区に行くと、姿勢よく歩く原住民のおっさんをよく見かける。だから靴は歩きやすいスニーカー。質にこだわり、安物はあまり履かない

なぜかいつもウェストポーチ

頻繁に取り出すものを入れておくのに便利で、両手も空くのがいい。ギャンブルもそうだが、散歩やウォーキング好きなアクティブな鳩ヶ谷民にはマストアイテムか

住んだのが「鳩ヶ谷新住民」。この新住民には、鳩ヶ谷の格上感はない。むしろ川口と合併して良かったねと思っているクチだ。

鳩ヶ谷原住民＝「格上DNAがある」というのは間違いではない。ただ、誤解してもらっては困るのは「原住民＝川口嫌悪」ということではない。実はこのまとまりのなさが鳩ヶ谷らしさ。鳩ヶ谷は一枚岩ではなく、親川口派と対川口派に二分される。よく考えてもらいたい。鳩ヶ谷と川口は合併、分離、合併勧告、拒否という歴史を経て今に至る。単純に鳩ヶ谷が嫌っていれば、川口と合併する気すら起きない。しかし、そうではないのは一定数の親川口派がいるため。実際、1950年の川口から分離する際の住民投票も3310対2560と4割以上は川口からの分離を反対していた。

一方、川口側はというと鳩ヶ谷に敵対意識はない。合併して鳩ヶ谷との積年の争いを制しており、同じ川口市民という感覚だ。むしろ余裕すら見られるが、実は鳩ヶ谷を格下に見ていることを隠し切れない。その象徴が前に触れた、し尿処理場建設問題だ。この仕打ちは鳩ヶ谷原住民はもちろん、新住民ですら、いい感情は持っていない。しかし、川口から見れば鳩ヶ谷はもはやこの程度の扱い。それが現実である。

鳩ヶ谷原住民は川口より格上の意識があり、川口全体に敵対意識があるが、西側の川口市街地に対しては、表に出さない（出せない？）。その反動ともいうべきか、格上プライドの牙をむくのは「格下」と思っている安行民に対して。安行地区は旧鳩ヶ谷市と隣接しているなかで、川口に編入したのがもっとも遅い地域。植木で有名で、川口では田舎感満載。そんな後進で田舎の安行民に、鳩ヶ谷原住民は絶大な格上意識を持つ。

安行民にすべての憂さを晴らすべく、格上DNAを振りかざし、安行民は肩身の狭い思いをしている。かかわらなければいい？　そうはいかない。残念ながらコミュニティがほぼ同じのため、たとえば学生の文化圏が被る。習い事で一緒になり、安行民は肩身の狭い思いをする。しかし、この安行民は川口の原住民ではない。鳩ヶ谷旧住民と同じ時期に安行に移転してきた新住民なのである。同時期に移り住んで、暮らした場所はほとんど同じながら、市境で立場が分かれてしまっているのは何とも不幸である。まあ、いわば鳩ヶ谷原住民とは、ジャイアンには何もせず、のび太をいじめるスネ夫みたいなもの。ただし、鳩

鳩ヶ谷原住民は、川口原住民よりもやや落ち着いている印象。ただ格上意識が強く、鼻持ちならない一面も

ヶ谷と隣接していない戸塚地区はセーフである。

しかし、鳩ヶ谷原住民の格上意識は裏を返せば、鳩ヶ谷への溢れる愛の証。地元への愛情はおそらく川口原住民以上で、だからこそ鳩ヶ谷の名が消滅することの抵抗感が強かった。ただし、愛情の歪みは格上意識となり、その最たる例が安行民への格上意識である。愛のかたちは千差万別。いやあ、難しい。

斜陽でも町工場の志は溶鉱炉みたいに熱い！

川口気質を築いた鋳物業の労働者たち

川口が「鋳物の街」としてその名を轟かせていた頃、多くの労働者を引き寄せた川口は、人口で勝る現在よりも街はにぎわっていたという。「休日になるとみんなでワイワイ酒盛りして、川口オートにお勤めに行くんだよ。負けたら安酒を一杯やって、勝ったら西川口のキャバレーでお姉ちゃんをナンパしたりしてさ。そんな連中が街にわんさか集まってて、川口駅も西川口駅も朝から夜まで人であふれ返ってたよ」。そう語るのは在住歴50年を超える地元民だ。地元・出稼ぎ労働者も関係なく、同じ工場に勤めるよしみで、自然と皆が仲良くなれる空気があったそうだ。戦後に至るまで鋳物労働者は長屋に暮していたそうで、助け合い精神が育まれていたのだろう。ヨソ者に対しては厳しいが、一度懐に入り込めれば温かく接してくれる川口原住民の気質は、こうした長屋的コミュニティが育んだのかもしれない。なんだか江戸っ子にも通じるところがある。

そんな古き良き時代を懐かしむ声は、市民のなかに想像以上に多い。話を聞けば昔を懐かしむ話で長時間盛り上がるし、在住歴が長く、昔の川口を知っている人ほど郷愁たっぷりの話を聞かせてくれる。そして、話の最後に必ず「もうマンションになっちまったけどな」とオチを付け加えるのだ。今やキューポラから立ちのぼる煙は消え失せ、仲間と酔いどれた酒場はことごとく大型商業施設やチェーン系飲食店にとって代わられた。失われる原風景とはよくいったものだが、原住民はそんな喪失感に苛まれているのだろう。おっさんが川口オートに足繁く〝お勤め〟に出るのは、過去の残滓を感じるためなのかもしれないなあ。

このように古い世代の鋳物に対する思いはいまだにアツいが、その一方で、たとえ川口生まれでも若い世代となると鋳物の歴史を知らない。というか興味がないので鋳物と聞いても反応は冷ややかだ。こうした世代にも川口という街を作った歴史として、鋳物業の伝統を伝えていくのは、郷土愛を育む上でも重要な課題とはいえないだろうか。

大ピンチの町工場は現状維持が精一杯⁉

現在、川口の鋳物業を取り巻く環境は厳しい。海外需要の低下や、銑鉄の輸入価格の高騰などの煽りを受け、鋳物業者は年々撤退を余儀なくされている。川口鋳物工業協同組合に登録している企業の推移を見ると、1991年に233社あった鋳物関連企業は、2016年までに114社も廃業や転業に追い込まれている。生産額も激減していて、1947年代に全国生産高の40パーセントを占めていたのが、ここ20年はひとケタ台。その存在感は著しく低下している。さらに、近年は市内の鋳物関連企業による鋳造特許の出願もほとんどない。特許の出願がないということは、川口から新規技術が生まれていないということになる。近年、伝統技術に改良を加え、国際的な評価を受ける日本の町工場が注目されているが、川口ではそうしたイノベーションが不足している。何より人手が足らず、売り上げが伸び悩む今、現状を維持するだけで精一杯なのだろう。このままでいくと、将来的にさらなる先細りは避けられそうもない。

新しい力を呼び込みブランド確立を目指せ！

だが、鋳物業の火が消えるということは、川口の伝統が途絶えることを意味する。ただでさえ知名度が低く、魅力が薄いといわれがちな川口にあって、気質や慣習に根づいた伝統産業がなくなってしまえば、市民としてのアイデンティティさえも失われてしまうだろう。こうした状況を受けて行政や商工会議所も危機感をかなり募らせているようで、さまざまな対策に乗り出している。

たとえば、川口商工会議所は鋳物のブランド化に熱心だ。２００５年に中小企業庁の「ＪＡＰＡＮブランドプロジェクト育成支援事業」の採択を受け、地元の鉄工所と共同で「薄肉・軽量のダクタイル鋳鉄製キッチン用品」を開発。専門的な部分は省くが、軽量化が難しいとされてきた鋳鉄製品を、高い技術力によって業界の常識を覆す厚さ2ミリ未満の鋳造に成功。これが相当の逸品らしく、国内外から発注を受けているそうだ。これをキッカケに商工会議所では「川口i－mono（いいもの）ブランド認定制度」を開始。ブランド認定を受けてから売り上げが2倍以上も伸びた商品もあるそうで、その効果は着実に現れている。こうした企業の活性化支援策は、市民の目になかなか留まらないものではあるが、コツコツと継続していくことに意味がある。当然うまくいかないこともあるだろうが、それでも何もしないよりは断然マシである。

こうした取り組みは、鋳物関連企業の製作意欲を駆り立てるようで、お堅い商品だけでなく、チタン製のマッサージ器具などアイデア商品も続々と誕生している。もともと川口の鋳物業は伝統に裏付けされた高い技術力がウリだ。職人気質ゆえに発想力に乏しいと指摘する声もあるが、地道に製品を改良する能力は高い。今はまだ再興途上ではあるが、職人の刺激になる、モチベーションが上がるような施策は、どんどん行ってもらいたい。

また、より発展的に鋳物業を盛り上げるためには、柔軟な発想をもった人材開発と、高い技術力を広くPRするための施策が求められる。前者については川口高等技術専門校の学生の活用がある。企業と学生がマッチングできるインターン制度を充実させ、地元企業の人材確保を急ぐべきだろう。また、後者についてはせっかく「川口鋳物」をブランド化するなら、国外への販路拡大を狙ってみてはどうだろうか？　正直なところ今の「川口ｉ－ｍｏｎｏ（いいもの）ブランド」を紹介するページの構成はやや物足りない。商品を紹介するのはいいけれど、実際に購入できるページのリンクがないし、せめて英語版ぐらいは用意しておきたい。予算との兼ね合いもあるのだろうが、野心めいたものが感じられないんだよなあ。ここのところは我の強い川口原住民の腕の見せ所じゃないのか？　市内に引きこもりがちで狭い世界に満足している典型的な川口民は、今こそその殻を壊し、柔軟な発想による大胆なＰＲを進めるべきだ。それができないなら外部からコーディネーターを招聘するのも手。外にうって出るのが苦手なら、門戸を開いてヨソ者の力を借りてみよう。新旧住民が手を取り合い、川口の伝統を紡ぐなんて美しい光景じゃないの！

行政も中小企業への支援策をいろいろと展開している。が、その効果が現れるのはかなり先の話。今は雌伏の時と捉え、現状の支援策をバージョンアップさせ、対策に乗り出すのが現実的だ。

かつてのように労働者が街にあふれ返るようなにぎわいは、もう取り戻せないかもしれない。だが、鋳物業の火を絶やさずに、市の伝統として未来に受け継いでいく。その気概は、現在の工場にも見てとれる。今は正念場。川口鋳物よ、熱く燃え上がれ！

※　※　※

川口の鋳物工場で現在操業しているのは50ほど。ほとんどが手作業で、一般的にはあまり目に留まらない機械部品ばかりだ。だが、近年では川口で作られるある製品が注目を浴びている。それが、マンホールだ。

今、カラフルなマンホールを制作する自治体が増えている。たとえば、仙台市では、仙台出身の漫画家・荒木飛呂彦の『ジョジョの奇妙な冒険』になぞらえて、キャラクターなどを刻印したマンホールをイベント的に設置したりした。これが思わぬ観光効果を呼び、カラフルなマンホールが全国に広がった。地味ではあるが、このように職人の技が再評価されることもある。川口の鋳物業界は縮小しても、決して途絶えさせてはいけないものでもあると筆者は思う。

伝統農業を守りたいが……農業地帯の悲しき不公平

無用な開発ができない北東部の農業地帯

近代化が進む明治以前の川口市域は、牧歌的な農村地帯だった。芝から戸塚、安行、新郷に至るまで、見渡す限りの水田と畑が広がっていた。源左衛門新田などの地名は江戸時代の新田開発の名残で、台地部分も針葉樹林が広がっていたというから、なかなかの田舎である。

こうした風景が劇的に変わるのはわりと最近の話で、1970年に制定された新都市計画法により、市内のほとんどが市街化区域に指定されたことに起因する。安行や新郷の水田はことごとく埋め立てられ、工場用地や宅地の造成が進み、今となっては跡形もない。しかもこの都市化があまりに急速だったため、区画整理を行う間もなく、旧来の地割のまま農地が転用されていった。そのため、安行、新郷、神根の道は今でもグッチャグチャだ。農道とか緑道をそのまま生活道路に変えたもんだから、急カーブや唐突な合流など危ないったらありゃしない（楽しんでいるのはヤンキー連中くらいじゃなかろうか）。

一方、市街化調整区域に指定され、区画整理や開発をされなかったのが安行の植木農園である。これは安行にとっては誇らしいことだった。なぜなら川口の都市計画区域6197ヘクタールのうち、市街化調整区域内農地は、約171ヘクタールしかなく、全体の3パーセントにも満たない。市内で、「バリバリ農業やるべし！」と認められたのは、少数派だったのである。要は安行の植木は周囲からの評判もすこぶる高く、昔から自他ともに認めるブランド品。さすがにこれをやめさせるわけにはいかない（というかやめさせたら猛反発必至）。

安行で植木栽培が盛んになったのは、第1章で述べているように吉田権之丞さんの功績が大きいが、何よりも土地条件に恵まれていたからである。北部に台地、南部に湿地帯が広がり、土中の水分状態がよく、斜面がさまざまな方向に形成されていることで日照や通風条件が多様だったことが、植木栽培に向いていた。ゆえに安行の道は曲がりくねった坂道が多い。まるでプチ峠のような地形が川口の名産を生んだわけだから、何が功を奏するかわからない。昔の人の発想もすごいが、同じグチャグチャ道路でも安行と新郷あたりとは、その重みが違うのだ。

安行の植木は周囲の地区から羨ましがられ、田畑を耕していた周辺の農民たちも次々と植木栽培に参入。現在、業界で「安行の植木」というと、周辺一帯の植木のことを指すまでとなった。本家の安行としては面白くなかったかもしれないが、快く受け入れて組合を結成。その後、規模が拡大したことで、より広く世間に知れ渡ったが、それもこれも安行民が本来持っているオープンで寛容な気質の賜物だろう。

植木が命の安行民は隣近所で庭園バトル!?

こうして植木を始めとした花き栽培は、川口農業の頂点を極めた。2015年の市町村別農業額によると、花き類は市の農業産出額の約7割を占めている。

植木は印象的にやや地味だが、近年海外でも盆栽人気が高まっているように、日本人より外国人に注目されている。ガーデニングもしかりで、安行地区内の道路沿いには大型の植木で彩られた見事な庭園がズラリと並んでいる。近年はオープンガーデン事業といって、造園業者のみならず個人庭園の解放も実施し、好評を博しているそうだ。また、植木のセリ市が行われ、無数の花き類が並べられる道の駅川口・あんぎょうも、いつ訪れても駐車場がいっぱい。造園知識ゼロのシロウトで、俗物まみれの筆者にはまるでわからない世界だが、マニアにはたまらないスポットなのだ。

こうして安行の農民は、川口北東部のヒエラルキーの頂点に立ったわけだが、これがなかなか曲者ぞろいなのだそうだ。聞くところによれば、同業者間のライバル心がバチバチらしい。戸塚の初老女性によれば、「あちこちにけっこう大きな植木庭園があるじゃない？　あれでね、どっちがスゴイか競い合ってるらしいのよ。ほら、安行のあたりは植木で財をなした人が多いから、植木が命より大事って人もいるの。そういう名家は植木の手入れの具合を見て、勝った負けたってやり合ってるみたい」だって。川口を代表する伝統産業で国内でも有数の産地。さらに海外からの評価も高い。そりゃあ、植木に命をかけている人ばかりでも不思議じゃない。さしずめオープンガーデンは日頃の手入れの品評会とでもいうべきか。しかも相手への僻みや妬みは一切表に出さないので、ヨソ者から一致団結しているように見えるらしい。川口原住民のように、チャッカマンのごとくキレないからマシにしても、静かなバトルが繰り広げられる構図はなかなか恐ろしいものがある。もうオープンで寛容な安行民はどこいっちゃったのよぉ！

最大の農業地帯なのになぜか神根はスルー

さて、同じ特産品でも、植木とは異なり、まったく目立たない農産物もある。それが、ハマボウフウと木の芽である。現物を手に入れようと川口駅前で売っている場所を聞いて回ったが、存在を知っているのがわずか2人だけで、ついにご対面が叶うことはなかった。植木と比べて、その知名度は市内でも天と地ほどの差がある。何せ道の駅川口・あんぎょうの物産店にすら並んでいない。

あまりに可哀そうなので、ちょっとだけ紹介してあげたい（涙）。

ハマボウフウと聞いて、すぐにどんな野菜か思いついたら、それは相当な野菜マニアか高級料亭の料理人にちがいない。それほど、この野菜は一般に出回っていない。だが、何を隠そうコイツのメインの使われ方は刺身のツマ。一般の料理店に使用されることはほとんどなく、政治家が通うような高級料亭でしかお目にかかれない貴重品なのである。そのため、市内で流通することはほぼ皆無で、東京の青果市場に卸されている。どうりで川口市民がその存在を知らないわけだ。

一方の木の芽は、山椒の若い芽のこと。旬は春から夏で、使われ方は焼き魚や煮物などの添え物。最近ではせんべいやかまぼこ、餅菓子などにも使われているらしいが、こちらは貴重品というより需要があっても存在感が薄いため、市の特産品としてほぼ知られていない。というか、特産品がどちらも食べてもらえない可能性のある添え物っていうところに、川口の悲哀を感じずにはいられない。

この悲しき特産品が主に作られているエリアが神根地区である。神根は古くは赤山の名で知られ、江戸時代にはサトイモの名産地として有名だった。また、明治期には神根産の煎茶がアメリカで賞を獲得したこともあったらしい。このように農産物なら何でもござれのスーパー農業地帯が神根なのである。その証拠に、神根の農家戸数、農地面積は市内で最大。安行と同様に市内では貴重な市街化調整区域に指定されている。

だが、そんな神根自慢の野菜は、安行の植木ほどの存在感を得られず、地区の農業は衰退し始めている。現在、市内には8つの貸し農園があるが、そのうち半分が神根地区。人に貸すほど農地が余っているのが現状だ。さらに荒廃農地も多く、安行のような豊かさは見てとれない。しかも神根エリアで見かけたのは道の駅ではなく、地場産野菜が置いてある手作り感満載の直売所だった。筆者はそれを見て、安行とのあまりの格差に愕然としてしまった。

こうした現状を受け、市では神根の市街化調整区域の一部の立地規制を緩和した。外環自動車道に近いことをウリにして、流通業務施設やデータセンターを呼び込もうとしている。さらに優良田園住宅と称して宅地化も進めていくんだそう。ただ、農家にも一応気を遣っているようで、この地域への農家レストランや農産物直売所、6次産業化に関わる施設なら建設できるようになった。パンフレットには「緑農地の保全を図りつつ……」と書いてあるが、流通業務施設は農家にあまり関係ないし……。唯一の希望は農産物の6次産業化に興味を示す企業の進出が進出するかどうかだが、添え物のハマボウフウと木の芽をどうやって6次産業化するのだろうか。今のままじゃ生き残っていけるのは、一部の生産農家だけだろう。安行の植木連携のように、神根の農家もハマボウフウで連携し、グルメも唸る高級食材として知名度を上げていかなければ、先細りは目に見えている。

もちろん野菜はハマボウフウだけではない。名産はショウガとヤツガシラとあるが、こちらも地味で地場野菜感もイマイチ足りない。あとはトマトとかキュウリとかごくフツーの農産物。これでは流通業務施設建設と宅地化が本当に現実味を帯びてくる。同じ川口の特産品を生産する農業地区でも、安行と神根の現状はあまりにも不公平だ。

2021年にはイイナパークに隣接して地元物産館や首都高初のハイウェイオアシスもオープンするようだから、そこでは道の駅川口・あんぎょうみたい

イイナパークは目下のところ増設中だが、けっこう家族連れなどが訪れている。パーク内の設備は様々あり、なんと火葬場もある

に、オンリーワンの野菜（ハマボウフウ）を外にアピールしてほしいものだ。

※　※　※

ハイウェイオアシスの建設はまだまだ道半ばでイイナパークも絶賛増設中のため、まだ川口農業に大きな変化は起きていない。

ただ、地元野菜を発信していこうという動きは活発化している。たとえば、川口の伝統野菜であるクワイを活用した地ビールやアイスを市内のブルワリーで販売していたりもする。こうした地道な動きを活発化させていけば、川口の伝統野菜が脚光を浴びる日が来るかもしれない!?

どうして手を取り合えない？自治会をめぐる住民の思惑

川口流ムラ的価値観の伝わらないメリット

キュポ・ラにある支所の窓口にあった『広報かわぐち』を何気なくパラパラとめくってみた。特集は令和にちなんで、川口の平成史がメインだったが、その5頁目にデカデカと記載されていたタイトルに目を引かれた。

＜『川口市町会・自治会への加入及び参加の促進に関する条例』を施行＞

かねてより川口では町会や自治会への加入を推進してきた。住民の4分の1がマンション族で、モーレツな勢いで外国人が増加する今、両者を含む新住民の加入率が低下しているからだ。正確な数値は発表されていないものの、某議員のSNS（2015年）には、ここ15年で加入率が75パーセントから65パーセントまで低下したと投稿されている。彼は新住民たちの自治会加入を促す条例を制定すべきと訴えていた。今回の自治会加入条例がその働きかけによるものかどうかは定かではないが、市政が危機感を抱いていることは事実だろう（ここに来て条例を施行したということは、加入率が2015年当時よりも下落しているのかもしれない）。

本条例は8条から成る短い条例で、加入を義務付けるものではないし、罰則規定があるわけでもないので法的な拘束力は実質ゼロ。そのため、条文化したとはいえ、加入率が一気に増加するような起爆剤とはならないだろう。しかし、原住民が新住民の自治会加入を望んでいるのは確かだ。

「自治会に加入してくれないと、いろんな面で俺たちの負担が大きくなるんだよ。たとえばさ、町内会でイベントをやろうとしても、加入してるのは昔っから住んでる連中ばっかだし、その子供たちは上京しちゃってたりするだろ？そうすっと、各世帯の人数が減ってっから自治会費も足らねーし、イベントをやる人手も足らない。他の町会の連中まで引っ張り出してやるわけよ。ほんで、新しい連中は何食わぬ顔でイベントに出てやがるだろ？　やんなっちゃってよ、イベントもやめちゃうしかなくなっちゃうんだよ」

ややや乱暴な言葉遣いだが、根は優しく温かい60代原住民の主張だ。年輩の川口原住民は長屋的コミュニティの精神が強いため、隣近所とは仲良く協力し合うのが常識で、その価値観が染みついている。先に川口原住民の気質をさんざん書き殴ったが、こうした心意気は地域コミュニティが希薄となった現代では貴重であり、大切にすべき考え方だとも思う。さらに先の彼は「いざというとき、お互いに仲良くしといた方が何かと助けられるってのにな」とも付け加えていた。

自治会関連の研究論文などを縦断的に読んでいると、たいてい自治会が最大限に力を発揮するのは災害時だと述べている。阪神大震災でも東日本大震災でも自治会や隣近所との付き合いによって、一命を取り留めるケースが多かったそうだ。筆者は、神戸で阪神大震災に被災した男性から「近所の誰々がいないってなると炎が燃え盛るなか、みんなで探し回ったよ。それで瓦礫から助け出された人も実際に見てきた」とのエピソードを聞いたことがある。一刻一秒を争う災害時では、頼りになるのは「遠い親族や救助隊」ではなく「近くの赤の他人」である。

あくまで私見だが、川口ではこうした助け合いのコミュニティを築きやすいように思う。筆者が多くの原住民と話してきた限り、先に登場した60代男性は、おそらく川口原住民のステレオタイプに近い。粗野で乱暴で見なりも荒々しいが、ひとたび仲良くなると急激に親しくなる。そんなタイプの人間は往々にして面倒見がいい。付き合いが面倒くさくなる可能性は否めないものの、きっと災害時には強い味方になるだろう。いわば川口は、ムラ的コミュニティの悪い面（閉鎖的だったりね）と、良い面がハッキリしていて、その中間がないのだ。都会人のように曖昧な空気を読むのは苦手なのだろうし、思ったことは素直に言葉や行動に出してしまう。筆者が川口取材で嫌な思いをした数々は、川口原住民のストレートすぎる気質や言動によるものだったのだろう。

でも、それは逆にいえば何事もスルーできない性質ともいえる。知り合いが困っていたらすぐに救いの手を差し伸べ、お互いに共有できる悲しい出来事があれば、おいおいと声を出して涙を流すだろう。ドライといわれる現代都市社会では絶滅危惧種といっても過言ではないかもしれない。

　だが、タワマンや小ぎれいなマンション、夢の一戸建てに移り住んできた新住民は、そんな川口原住民の気質や内情を知るはずもなく、粗野で乱暴な一面しか見ることができない。特に東京での在住歴が長いシティ派には、川口のムラ的コミュニティは煩わしく映ることだろう。それならまだ日本の慣習をまったく知らない外国人の方が、川口流の人付き合いに染まりやすいようにも思う。だから、新住民は自治会に親しみを感じられないし、イメージによる誤解が、鋳鉄（鋳物の原材料）より硬い壁となってそびえ立っているので、おいそれと同意できないのではないだろうか。

延々とすれ違う新旧住民の利害関係

　川口の自治会についてのネタ探しをしていると、あるSNSに川口市民を名乗る人物からこんな投稿がされていた。

〈町会に対して、ものすごく不満があります。でも、市民としての権利や情報の収集が困難になる（広報かわぐちやゴミ出し情報が配布されなくなっちゃう

川口市民の人種相関図

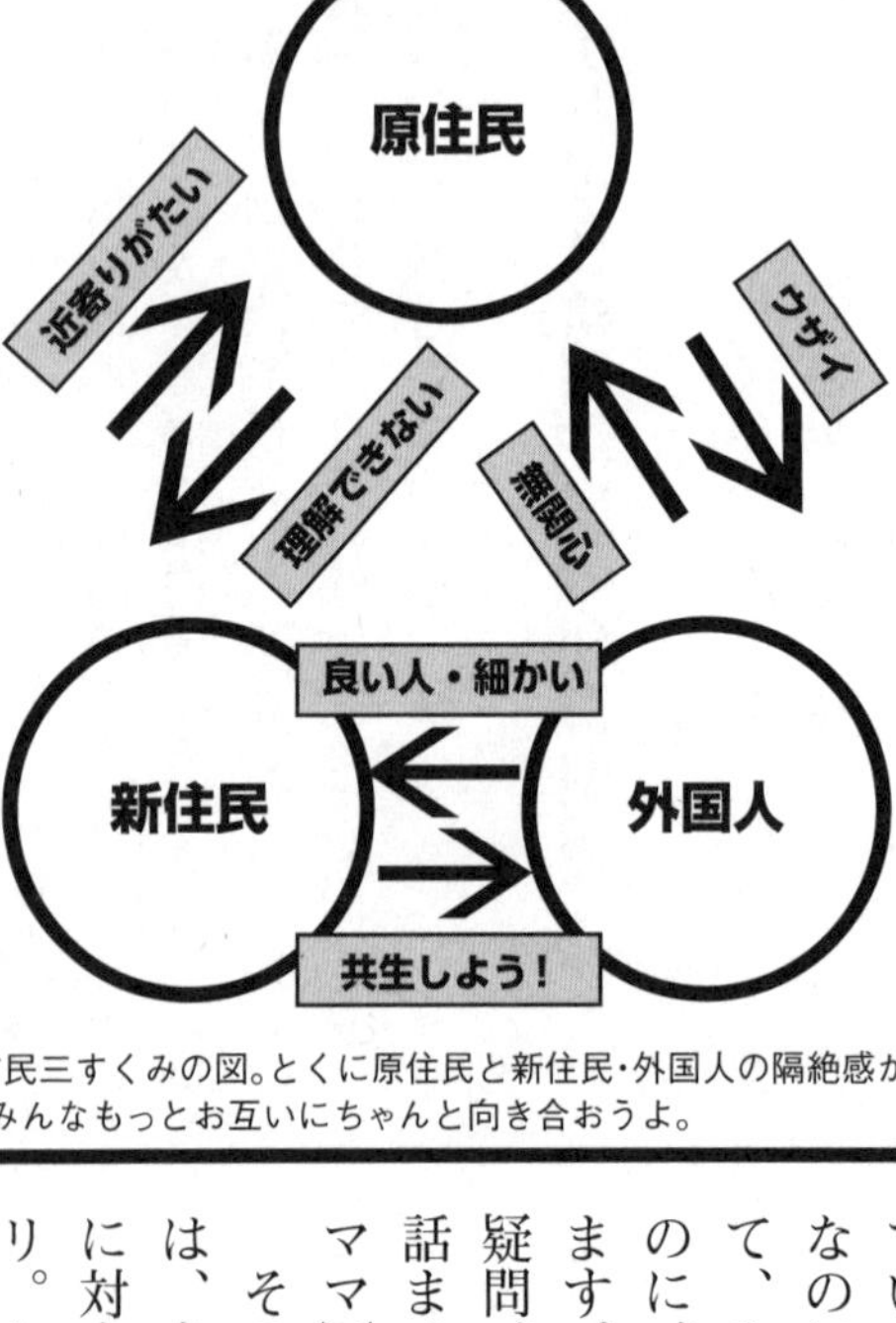

川口市民三すくみの図。とくに原住民と新住民・外国人の隔絶感がひどい。みんなもっとお互いにちゃんと向き合おうよ。

とか)ので、加入しています。同じ市民なのに、町会によって、やり方が様々なのに、驚き!もあります。町会の不思議、疑問、不満について、話ませんか? (原文ママ)〉

その投稿に続くのは、自治会費の徴収に対する不満がズラリ。なかには、収支報告書がメチャクチャで何に使用されているのか、不透明すぎるという理由で町会を脱退したという書き込みもあった。

ただ、ネットの投稿を鵜呑みにするわけにもいかないので、新住民たちに自治会活動について話を聞いて回った。

まずは自治会に加入していない分譲マンション住まいの30代男性。「自治会費がもったいない。友人に何かあるたびに徴収されるから、面倒くさいって聞いたので、そういうプリントとかが入っているけど、見ないで捨ててます」という。さらに30代女性は「町会の人がものすごく不愛想で。断りを入れたらぁからさまに怒ったような表情を浮かべて、振り向きざまに舌打ちしたんです。もう絶対に入らないって決めました！」だそうだ。

新住民が自治会に加入しない理由はさまざまだが、やはり多くは自治会費がもったいないといった金銭的なものが多い。町会に入るメリットよりも、それにまつわるコスト意識が強く働くのは、いかにも若い世代にありがちな考え方ではあるが、町会によっては収支報告書がいい加減なケースもあるというのもあり得るだろう。なぜなら、原住民からしてみれば「お付き合いの金」であり、寄付みたいな感覚が強いからだ。これは先の原住民も「川口のオヤジに金のアレコレを几帳面にやれったってムダだよ（笑）　自治会費なんて投げ銭みてーなもんだ」というほどだ。このドンブリ勘定ぶりは、苦労して夢のマイホームを手に入れた新住民には理解できない感覚だろう。

また、愛想の悪さは川口原住民の悪いクセだ。「自治会に入って当然」という意識が強いのだろうが、それはあくまで川口スタンダードにすぎず、都会に出ればムラ的な価値観は通用しないことを理解しておくべき。川口はもはや昔ながらの街ではないのだから。

ただ逆に自治会に加入して良かったという新住民もいる。「僕はあまり町会費の使い道については気にしていません。収支報告書もあがってくるけど、ほとんど見ないですしね（笑）。たぶん何だかんだで年間1万円弱はかかっているのかな？　でも、わりと子供たちとも遊んでくれたりして、信用できる人が多いんだなって思ってます」と、爽やかな笑顔を浮かべて話してくれた。

さて、ここまで川口の自治会にまつわるアレコレを語ってきたワケだが、とどのつまり何を伝えたかったかというと、新旧住民ともにお互いの短所ばかりが発揮されていて、損をしてるってことだ。協力し合えれば、お互いにメリットも大きいはずなのに、それぞれが凝り固まった気質で向き合い、ひとりよがりな価値観で判断してしまっているように映る。エラそうに語って申し訳ないが、もう少しお互いの立場を理解しようとする姿勢がなければ、このままずれ違いを続けるのがオチだ。そして将来的に町会のイベントはどんどん消滅して地元が活気を失い、新旧住民が交流する場が少なくなって、お互いへの誤解と不信感ばかり募っていくことになる。そんな不調和を解消したいなら、川口原住民はシティ派の感覚に合わせて収支報告書をちゃんと作るとか、丁寧に加入をお願いするとか、今までのやり方をちょっと是正することから始めればいい。新住民にしたって、少し勇気を出して原住民と向き合ってみてほしい。変わり者が多いのは確かだが、その反面、都会では味わえない人の温かさを目の当たりにするだろう。本来、自治会は新旧住民がお互いを知る格好の場でもある。まずはお互いにまとったカラを破って、歩み寄ってみてはどうだろう。そうすれば、今よりもっと充実した川口ライフが送れると思うのだ。

※　※　※

川口市の現在の自治会加入率は平均して６割程度だとされているが、地区によっては3割に満たなかったり、7割以上だったりするという。各地区によって、加入率はマチマチだが、特に外国人が多い地区では、相対的に低くなる傾向があるようだ。つまり、2年前の取材時とほとんど状況は変わっていない。ただ、分譲マンションなどでは、管理組合への参加が強制的だったりするので、新住民でも自治会に加入しているケースも少なくない。ただ、マンション住民のなかには加入していても、ほとんど参加していないという実態がチラホラ垣間見える。要するに加入が形骸化しているのだ。

ぶっちゃけ町内会の活動に参加するのはめんどくさいけれど、やっかみを言われるのもイヤだから、お金だけ払っているという層が多いのではないだろうか。実際、筆者もそのクチだから（賃貸だし）、気持ちはよくわかる。

だが、川口市は戸建てに住んでいる層が年々縮小しつつあり、マンションなどの集合住宅の住民が人口の7割以上を占めている。つまり、地域の祭りや活動に参加している実際の人数は、加入率には遠く及ばないはずだ。原住民が、「新しい人はほとんど加入してないいんじゃないか」という感覚もあながち間違ってはいない。

川口市内の町内会の掲示板。ほとんどお知らせがない上に、町会費が足りないのかボロボロのままだった

というわけで、新旧住民のすれちがいは、なかなか解消しそうにない。自治会は交流の場としては最適だが、そういった形でのかかわり合いには限界があるようにも思う。川口のコミュニティを成熟させていくためには、新旧住民がお互いの考え方や立場を理解し合い、新しい交流方法も模索していくべきではないだろうか。たとえば、祭りの運営なら町内会に加入していなくても、ちょっとした親子参加型のイベントボランティアのようなかたちで促してみたりはどうだろう。いずれにしろ、町内会に加入しやすくするための仕掛けが必要である。

川口市コラム 5

川口名物「たたら祭り」が縮小!?

「祭りは日本人の心であり、そして地域社会を繋ぐ潤滑油でもある」

祭りに関する研究論文をざっくりとまとめると、こういう主旨になる。確かに祭りでは、日常の人間関係から解放されて、住民たちは一種のトランス状態に陥る。そんな特殊な空気にあてられて自然と人間関係が繋がれ、再び日常に戻ってもコミュニティ意識は強固となっていく。有名な祭りがある街は、たいていこんなサイクルを繰り返して住民たちの共同体意識が深まっていくものだ。新住民がその輪に入るのは容易ではないが、参加してみるだけでも意義はある。特にファミリー世帯なら、子供同士の友人関係から親子で対面するいいキッカケになるし、旧住民としては愛する祭りに来てくれたというだけで、ちょっとした連帯意識も生まれやすい。祭りは古ければ古いほど旧住民たちの愛着が深く、地域の伝統に根ざしているので、より深く街の真髄に触れることができる。

前置きが長くなったが、川口の伝統的な祭りといえば、「たたら祭り」以外にない。戦後に生まれた比較的新しい祭りではあるが、神輿が町内を走り、バザールやサンバパレードも開催され、旧住民たちも毎年心待ちにしている。なかでも神輿は、各地区で「○○会」を結成し、毎年１１００人ほどの担ぎ手たちが巡行するというのだから、その盛り上がり方は尋常ではない。

ところが、である。２０１９年の「たたら祭り」には大きな変更点が加えられた。２０１９年以降、メインイベントだった約４０００発の花火の打ち上げがなくなったのだ。

これじゃあ川口最大の祭りの魅力は半減してしまう。なぜか２０１９年から５月に花火大会が移行（かつて8年だけ実施していたこともあるらしい）したのだが、これは単なる救済措置かと思いきや、思いきり「第1回」って銘打っているように、今後も「たたら祭り」と「川口花火大会」は切り離して実施しそうな雰囲気である。これには川口で生まれ育った人たちも首をかしげるばかりだった。

で、いろいろ理由を探っていたのだが、だが思わぬところで面白い話を聞いた。川口の名物が食べられる某店の大将が、「俺が、市長に神輿かつがせちまったんだよ。そしたら腰がいてぇ！　ってヒイヒイなっちまって。もしかしたら俺のせいで、市長がたたら祭りに恨みを持っちまったかもしんねーな！」と笑い飛ばしていた。まあ、これはある種の冗談（じゃなかったら市長はどうかと思う）だろうが、大将自身も「たたら祭り」が大好きなようで、花火大会とセットじゃなくなることを残念がっていた。コロナ禍の現状、2021年も開催されるかはビミョーだし、はたして「たたら祭り」は存続できるのだろうか!?

第6章

川口の
イメージアップ大作戦

そごう閉店で跡地利用は白紙！自慢の駅前再開発はどうなる!?

センチメンタルになってる場合じゃない!?

今、日本では百貨店の閉店ラッシュが相次いでいる。特に地方ではひどい有り様で、徳島県や山形県は「県庁所在地の百貨店ゼロ県」になってしまった。そんな時代の波は、地方だけではなく首都圏にも押し寄せ、ついに川口にも到達した。すでにご存知だろうが、地元民がこよなく愛していた「そごう川口」が閉店してしまったのだ。入口にある大きな時計と、毎月変わるメッセージはちょっとした川口名物でもあった。住んで2、3年の新住民はともかく、何十年も川口で暮らしてきた住民は、かなりセンチメンタルになっていた。

どの都市でも百貨店閉店に住民は衝撃を受けるものだ。筆者の地元でも15年以上前にそごうが閉店したことがある。川口ほど大きな都市ではなかった筆者の地元はそごう閉店以降、商業施設の郊外化が進み、周囲の商店街もシャッター街へと変貌した。人口60万都市の川口では、駅前すべてが閑散とするようなことはないだろうが、それでも周辺のにぎわいに少なからず影響を及ぼすだろうし、街のイメージ低下にもつながりかねない。

何よりも気になるのは、跡地の活用法だ。今のところ、まったくの白紙状態で、市がそごう側に跡地利用について早く決めるよう迫っている。あの駅前一等地にある広大なスペースが今度は何になるのかと勘繰る住民たちもいて、のんきなマダムは「伊勢丹とか高島屋とか来ないかしら」と言っていたが、もともと百貨店不況が長引いて、そごうが撤退を余儀なくされたのだから、懐事情を鑑みても、新しい百貨店が入るとは考えにくい。もしかしたら、しばらく手つかずのまま放置される可能性だってある。

何せ川口は「本当に住みやすい街大賞」に選ばれて、街の評判が上がっており、地価は上昇傾向にある。今も住民が増えているのだから、しばらくはその傾向が続くかもしれない。そんな川口の一等地で、広大なスペースの土地をバカ高い金を費やして購入し、新たな商業施設をつくる事業者がいるかどうかはビミョーなラインだ。仮に商業施設に限って考えられるのは「ららぽーと」だが、もともと戦略的に駅前は売りにしていないし、そごう跡地のスペースだと、いくら駅前商業施設としては広いといっても、郊外のららぽーとクラスにはほど遠い。イオンは安行に新しくできる予定だし、さすがに市内に3店舗はやりすぎだろう。本来はスポッチャなどのアミューズメント施設があれば、若い世代のニーズも満たせそうだが、いかんせんコロナ禍の収束に見通しが立たない限り、レジャー関連業者が即買いするようなことはなさそうだ。じゃあ、市の施設が入るかっていえば、すでにキュポ・ラに一部の機能を移転しているため、またもや移転というわけにはいかないはずだ。

というわけで、そごう跡地がまったくの白紙状態というのは、かなりゆゆしき問題である。まさかの駅前廃墟になる可能性だってゼロではない。そうなれば、唯一、川口の新住民が自慢にしていた「駅前が発展している」という売り文句も通用しにくくなる。ただでさえ、魅力に乏しい街なのに、川口ライフがどんどんしょぼく見えてしまうではないか！　駅前の発展は分譲マンションを売る際のセールスポイント（交通利便性の次にね）でもあった。川口駅前に巨大廃墟なんてトンデモない話なのだ。

駅前再開発は90年代から活発になった

いわば川口駅前の発展やにぎわいは、今や住民のアイデンティティのひとつでもある。こうした駅前環境が整備されたのは、90～00年台において、とりわけ川口駅前の再開発を集中的に行ったからに他ならない。1991年のそごう進出を皮切りに、2005年の川口キャスティ、2006年のキュポ・ラなど駅から徒歩5分圏内に大型商業施設を集積させたことで発展を促してきた。さらに同じ頃、こちらは駅からやや離れているものの、サッポロビール埼玉工場跡地の約12へクタールにアリオを中心としたリボンシティを誘致。こうして京浜東北線から眺める駅周辺の街並みは、まさに中核市の名に恥じないアーバン・シティの様相を呈した。住民たちが駅前の発展ぶりを自慢するのもわからなくはない。

この駅前の大型商業施設の客足は、銀座通りなど周辺商店街にもにぎわいを生み出した。銀座通りには、チェーン系から老舗まで飲食店が数多く建ち並び、ランチタイムともなると、どこも満席に近い状態となる。複数あるラーメン屋も大繁盛で、意外にラーメン激戦区になっていることに驚いたほどだ。これだけ客がいれば、仮に閉店したとしても、すぐに飲食チェーンが出店するため、空き店舗になることも少ないだろう。そのため商店街も空洞化・シャッター化することなく、好循環を繰り返している。

目新しさゼロの商店街隣接タワマン

こうした川口駅前重視の開発姿勢は今も変わらない。現在進んでいる再開発計画は栄町3丁目だ。この一角に地上約100メートル、28階建ての商業施設を複合したマンションを建設予定だという。ちょうど銀座通りに面しており、そごう跡地の目の前にあたる。周辺は低層の商店が並ぶエリアだから、完成後の威圧感はなかなかスゴそうである。

具体的にどんなビルが建つのかというと、高層階に481戸の分譲マンションを備えた住商複合施設（「街なか居住」を売りにしたいよう）。商業や業務テナントについてはまだ具体名は挙がっていないものの、子育て支援施設を併設する方針で、一帯の防災拠点としても機能する設備も整える。マンション事情に詳しい川口新住民ならわかるかもしれないが、おそらく2012年に完成した金山地区のタワマン「サウスゲートタワー川口」と似たような構造になると見ていい。そこで、同タワマンの設備を見てみると、歯医者などのクリニックや保育園も併設され、さらに災害時には帰宅困難者の一時受け入れ施設にもなるスグレもの。さらに、1世帯当たり最大約880リットル（約1週間分）の水や、1950リットルの燃料を備えた非常用発電機なども備えている。今回の栄町地区再開発でも防災をひとつの方針として挙げており、こちらも災害時には、帰宅困難者の一時受け入れ施設になるかもしれない。武蔵小杉ではリスクとなったタワマンが、川口では、むしろ防災に役立つかもしれないのだ。とはいえ、これまでのタワマンと見た目は変わり映えしないので、目新しさはあんまりないのだが。

住宅ばかりつくっても街の魅力は上がらん！

じゃあ、この再開発がどれだけ川口のイメージアップに繋がるかといえば、ぶっちゃけこれまでのタワマンと変わり映えがしないのだから、あまり効果はなさそうだ。川口のタワマン相場はそこまで安くはないし、企業を惹きつける魅力に乏しいから有名企業が入ったとしても支店レベルだろう。東京至近とはいうけれど、そもそも地の利でいえば、同じ京浜東北線が走る川崎の方が鉄道網も充実していて、都心のあちこちにアクセスできる。川崎の方が値は張るが、商業施設もあちらの方が規模がデカいのだから、プライオリティで川崎に勝てる要素は見当たらない。当の川口民も「またマンションか……」とため息まじりの冷ややかな反応だったし、この再開発が川口発展の起爆剤になれるか甚だ疑問だ。お国のお墨付きとあって、躍起になってタワマン開発を進めてきたのはいいものの、だからといって劇的な街の魅力アップにならないのが川口の泣きどころ。せいぜい上野東京ラインに乗った群馬や栃木のお上りさんが「川口駅前はきれいだぁ～」と感じる程度だろう。

川口の開発は、昔から「ハコモノ行政」が慣例で、行政側がとかく口を出したがる傾向にある。今回の再開発も組合を結成し、その方針決定に多大な影響を与えているのは明白。あのリリアにしても、民間主導の三セク方式を採用せず、独自の財団法人を設立し、その運営に市議や市職員が携わっている。聞くところによれば、川口（行政）を牛耳っているのは、古くからの地権者や鋳物業で財をなした人物ばかり。意固地で閉鎖的だったりするから、劇的な変化を望まない。加えて、さいたま市が誕生するまで県庁所在地よりも人口の多いナンバーワン都市だったので、ミョーなところでプライドが高い。

90年代の川口市政を追った『こちら川口地域新聞』（潮出版社）には、当時の市長が「アメリカでもニューヨークは経済の中心地として首都のワシントンよりも大きい。それが悪いことだとは思わない」と、まるで川口＝ニューヨーク（！）だと言わんばかりの強気発言が記載されている。生粋の川口生まれの市長の発言でもあることから、古くからの住民が強烈な川口プライドを有していることが伺い知れる。これでは商業施設の新規参入の障壁にもなりかねない。

だが、川口の問題点は、財政力の高い都会にもかかわらず、街がモヤモヤと

再開発の対象となったのは、またもやタワマン。それよりもそごう跡地の活用法を早く決めないと！

したイメージに覆われ、知名度がパッとしないことだ。それは何よりもベッドタウン以外の印象が薄いからではないだろうか。2025年には現在人口が増加している都心近郊のベッドタウンも人口減少に転じると予想されている。このままタワマン中心の再開発を進めていても、将来、それらが老朽化して不良債権となる危険性すらある。すでにタワマンに空き部屋が生まれるなど、その兆候は起き始めている。

万が一、そごう跡地がタワマン複合施設にでもなったら、川口はますますつまらない街になる。何かいいアイデアはないものだろか。

NK流を謳歌したアブナイ街からの脱却

悪しきイメージの違法風俗を一掃！

本書では、これまで「川口といえば？」というイメージについてさまざまな視点から述べてきた。鋳物だったり植木だったり、古くからのイメージもあるにはあるが、ヨソ者視点から見ると、地味さばかりが際立っている。映画『キューポラのある街』だってもう50年以上も前のことだし、現状では観光地もグルメもぶっちゃけ、B級以下ではないかとさえ思えてしまう。

しかし、「飲む打つ買う」を地で行くオッチャンたちにとって川口は聖地だった時代がある。その中心地は西川口駅の西口周辺に広がる一大フーゾク街。かつては西川口の頭文字を取って、「ＮＫ流」という異名で、市内のみならず

NK流とは

サロンで本番行為（違法）
料金は1万円程度
プレイタイムは30分程度
嬢の年齢は20〜30代がメイン
シャワータイムはなし
ソープランドではない

※各種資料により作成

首都圏全域にまでその名を轟かせていた。原住民は「もう触れてくれるな！」とヒステリックになりがちだが、川口の問題を掘り下げるにあたって「NK流」に触れないのはあまりに不自然だし、実際に今もソープランドが元気に営業しているのだから、川口の一部として認識されてしかるべき。筆者のようなヨソ者オッチャンでも「NK流」は常識（？）だが、新住民のなかにはその興亡を知らない世代も増えている。

西川口の西口周辺に繁華街が形成された詳細をここでもう一度簡単に説明すると、1960年代に「鉄塔横丁」なる飲み屋街が形成されたのが端緒とされる。1970年頃にはトルコ風呂（ソープランド）ができ、東京を根城にしていた風俗店も進出し、西川口はネオンサイン輝くアヤしい街へと変貌した。ここまでは戦後にありがちな歓楽街だったのだが、80年代から90年代後半にかけて違法風俗店（風営法で禁じられている本番行為ができる店）が横行。「NK流」と呼ばれるようになり、風俗愛好家及び一般人にも人気を博した。表向きはピンサロ街（ピンサロは法律上は風俗店でなく飲食店）ながら、一時はソープ街の吉原や堀之内と並ぶ関東を代表するフーゾク街として名を馳せた。しかも風俗店だけじゃなく、スナックやキャバクラも今の比じゃないぐらい多かったから、ナイトスポット好きにはたまらない場所でもあった。当時「川口といえば？」と尋ねられれば、首都圏のオッチャンたちは口をそろえて「NK流」「本番」と答えていただろう。何もないと言われがちな川口にあって、強烈な存在感を放っていたのが西川口だった。

だが、いくら公然の秘密とはいえ、違法は違法。グレーゾーンどころか真っ黒だったわけだから、00年代になるとコンプライアンスを重視する世間からの風当たりが強まり、ついに2002年頃から埼玉県警による取り締まりが始まった。2004年には地元住民の要請により、県警が「風俗環境浄化重点地区」に指定。2005年頃に一斉取り締まりが行われた。当時のことをよく知る無料案内所のお兄さんによれば「風俗店の経営者がいきなり当局に呼び出されて『明日から仕事がなくなりますので、新しい職を探してください』っていわれたんだよね。まあいきなりしょっぴかれるよりはマシだけど、いきなり無職だからね。正直キツかった」そうだ。

この話からもわかるように、西川口の取り締まりは苛烈を極めたらしい。通例なら、数軒の風俗店を見せしめとして摘発してから、周囲の店舗への自浄を促すやり方が多いのだが、西川口では問答無用で一斉退去を命じられた。甘さを見せれば、いつまで経ってもこうした違法経営店というのは無くならない。これぐらいドラスティックな改革は必要不可欠だったのだろう。

フーゾクがなくなって余計にイメージ悪化!?

というわけで、西川口は「NK流」を晴れて卒業したわけだが、もともとあったフーゾク街のイメージからは脱却できず、空き店舗はしばらくがらんどうだった。そりゃ風俗だったテナントに企業がわざわざ事務所を構えるわけもないし、違法店舗がなくなっただけで正規のソープランドやヘルスといった風俗店は残っていたのだから、周辺街区の雰囲気を一掃できたわけでもなかった。2007年6月に川口商工会議所が行ったネットモニターアンケートによれば、違法風俗店がなくなった後も西川口のイメージは「雑然としている」「危険・不安」「汚い」といった回答が上位を占めていた。

あれから時がたち西川口にあった風俗店跡には軒並み中国人が入居し、リアルチャイナタウンと化した。地元民に聞いてみても、西川口のイメージは相も変わらず。結局「NK流」がなくなっても、日本人を寄せ付けない中国語で書かれた看板やメニューが並ぶ中華料理店に変わっただけだ。周辺のゴミ捨て場は荒れたままだったし、むしろ風俗目当ての日本人がいなくなった分だけ閑散としていて、深夜の危険度は増したようにも感じられた。少し裏の区画に入ると、街灯もなくアヤしいネオンサインもないため、犯罪の温床になりやすい死角があまりに多い。だからといって池袋のようにパトロールの警官が多いわけでもないので、特に女性のひとり歩きはしない方が無難。そんなわけでこの状況を見れば、怖い・アブナイ印象を持たれ続けているのも納得である。

だが、同じフーゾク街でも、川崎の堀之内（ソープランド街）では、客引きの黒服が地域の安全を守るかのように街角に立ち、深夜でもネオンで非常に明るい。そのため、近年では「逆に安全」と考えて堀之内に住む単身女性（フーゾク嬢じゃないよ）が増えているという。フーゾク街は一般的なイメージこそ良くないが（一般女性が風俗街のど真ん中でひとり暮らしをするといったら許さない親がほとんどだろう）、視点を変えれば決して悪いばかりの環境ではないのだ。その意味では、かの浄化作戦は、かえって周辺のさらなる環境悪化を招いてしまったように思えてならない。

このような事態になった原因は、行政にまちづくりのビジョンが乏しかった点に尽きる。商業ビルの空きテナントが目立つようになると、焦った行政は西川口のまちづくりについて、職員レベルで検討会を実施したという。その結果は、2007年に発表された「西川口元気マシマシ計画」という某有名ラーメン店みたいなネーミングの資料に書かれているが、問題点の指摘に終始するばかりで、肝心のビジョンが心もとなかった。たとえば「駅周辺の清掃活動や防犯パトロールを企画し、その参加者には活動に応じて参加ポイントを付与する」

など、ありきたりの提案ばかりで、空きテナントをどう活用するか具体案は示されていなかった。さらに5年後の2012年には「訪れ・生活することが楽しい公共空間の演出・形成」をテーマにまちづくりをしようと試みたのだが、すでに中国人が押し寄せていたため、これもうまく進まなかった（その後、この施策の進捗状況はまったく公表されていない……）。それもそのはず、この計画は西口周辺の緑化を進めようとするもの。将を射んと欲する者はまず馬を射よではないが、周囲をきれいにすることで自然と街も明るく清潔な雰囲気になるのでは、と考えているフシがあり、それは西川口のような超カオスタウンで通用するような戦略ではない。

先述した「西川口元気マシマシ計画」には、「風俗の街からの脱却という取り組みが浸透すれば住民や地元民からの協力も得やすいはず」と記載されているが、これも実に楽観的だ。そもそもフーゾク一掃は決して地元民の総意というわけではなかったし、かつての「NK流」を懐かしむ声も多い。西口駅前にわずかに残されている日本人のオッチャンが足繁く通う昭和ムード満点の居酒屋では「昔は活気があって良かった。キャバレーも風俗もあって、オート帰りによく遊んだもんだ」と名残惜しそうに語っていた。オッチャンたちも違法風俗は良くないと暗に認めていたけれど、それでも今のようなチャイナタウン化を望んでいたわけではない。もともと西川口に鉄塔横丁などの繁華街ができたのは、赤羽や大宮などに客（主に工場労働者）を流れさせないためだったというウワサもある。それが今では風俗店は赤羽や越谷に移転し、風情ある居酒屋やスナックも軒並み閉店に追い込まれる現状は何とも皮肉だ。

「飲む打つ買う」の三拍子がそろっていた「NK流」から脱却するためには、相応の覚悟と準備がなければならなかったはず。しかし、現状では「何も考えていなかった」「何も手を打てなかった」と受け取られてもしょうがない。

汚点を魅力に変えて安全なディープ街へ！

こうした現状を踏まえて、西川口がどう再生の道を歩めばいいのかを本書なりに考えていきたい。まずフーゾクだが、これはこれとして現状のまま遊び場として残しておいてもいいんじゃなかろうか。地元でも知らない人は多いが、ソープランドの他に新しめのキャバクラなども結構あって、繁華街としては意外と楽しめる店舗構成なのである。さらにソープランドは吉原や堀之内と比べて、時間は短いものの、比較的安めに設定されている。これはいわば合法的な「NK流」で、これなら問題も少ない。安心してナイトライフを楽しめる堀之内のような街を目指し、新しい「NK流」として定着すれば、周辺地区からの集客も見込めるはずだ。

そして、もうひとつの懸案である増えすぎた中華料理店。これは行政や当局と言ったお上の意図で一掃できるはずもなく、現状を受け入れて前向きにまちづくりに活用するしかないだろう。すでにマスコミやネットで「ガチの中華料理が食べられる」ディープな中華街として注目を集めていることから、これを逆手に取って、本格的な中華街をつくってしまうのもアリだ。日本人の舌におもねらない料理を提供する「リアルなガチ中華街」として評判が高まれば、横浜の中華街との差別化も図れるし、グルメや通がわざわざやってくる個性的な飲食街に生まれ変わるかもしれない。そうすれば、コミュニケーションが希薄な日本人住民と中国人住民との交流も深まるだろうし、さらに一緒にまちづく

NK流を謳歌し、首都圏屈指の風俗街の地位を確立した西川口。このレッテルを剥がすのは一朝一夕にはいかない

りをしていくようになれば、ゴミ捨てマナーなども自然と改善されていくかもしれない。川口では汚点と思われがちな「NK流」と「怪しいアジアの雰囲気」だが、この雑多感は西川口の個性でもあり、他の街が手に入れようとしても簡単に手に入れられるものでもない。まったく新しい街を作ろうとするよりも、既存の個性を活用して魅力に昇華することができれば、赤羽に匹敵する楽しく安全なディープスポットになる可能性だってゼロではない。

突拍子もない計画を立てるより、このほうがよほど現実的だと思うのだが、いかがだろうか。

まったくピンとこない川口名物特産づくりがなぜできない!?

ご当地グルメよりおやつという感じ

銘菓・名産といったご当地名物に乏しい埼玉県にあって、川口市はそれが顕著な街といってもいい。ただ筆者の知識不足の可能性もあるので、道の駅川口・あんぎょうにおもむき、おみやげコーナーを覗いてみたが、「銘菓ふくみちゃん」「樹里安アイス」など川口名物を謳う商品をいくつか見かけたが、扱いはさほど大きくない。それどころか、同じスペースには埼玉最大のライバルである千葉県産の商品が陳列されている。そもそも売店コーナーのスペースが施設面積の割に小規模だったのも、名物・特産品がないことを示唆しているのか？

事実仕方ない。知名度が全国区の特産が鋳物や植木以外ほとんどないことに加え、川口にはゼリーフライ（行田市）や冷汁うどん（加須市）といったご当地グルメもほとんどない。かろうじて川口ご当地グルメの地位に立っている「ぼったら」も、実際食べると美味いのだが、見た目はさほど「もんじゃ焼き」と変わらない。このあたりプライドの塊の川口原住民も、「ぼったらともんじゃ焼きを並べられても、違いがわかる人はいないいんじゃない？」と認めている。もっとも、ぼったらはもんじゃ焼きと同じく駄菓子屋などから生まれたもので、古くからこの街に住むベテラン勢には「子供のおやつ」の印象が根強い。それでもヨソ者に「もんじゃじゃん」といわれたらそれまでで、オンリーワンの名物としてはインパクトに欠ける。

また、川口駅前にあるもうひとつの名物グルメ「太郎焼」も、焼き印がなかったら今川焼と見分けがつかない。太郎焼本舗の公式ホームページにある説明にも「いわゆる『今川焼』『たいこ焼』といったところでしょうか」という記述がある。オリジナル商品であるのに、一般的な品物を用いてわかりやすく紹介してくれていることに敬意を払いつつ、どこか苦衷も察してしまう。ただ、とりわけ地元の女性陣からは「川口の太郎焼は太郎焼。今川焼きじゃないです。

おいしいから駅近くに用事の時はつい買っちゃう」といった絶賛の声が続出している。なるほど、市民のおやつとして、しっかり確立している風である。

鳩ヶ谷焼きうどんに今こそ新たな動きを

川口といえば、都心への近さが売りの街だが、なまじ近いがゆえに特産品や名物グルメに「らしさ」というか、特色が出にくいのかもしれない。およそ何でも東京に揃っているだけに、特別なものはいらない。そんな地理的背景が、川口の特産を乏しいものにしているような気がしてしまう。

名物グルメがほとんどないためか、川口にグルメの街というイメージもなく、実際、駅前にある居酒屋もお決まりのチェーン店が多く、あまり魅力を感じない。昔日の川口っぽさを感じる昔ながらの個人居酒屋は、川口オート周辺のオケラ街道や西川口駅あたりに集中し、その他では、地元の常連客が足しげく通うスナックがチラホラある程度。昔ながらの食堂もあるにはあるが、高齢の店主が厨房に立つ店も少なくなく、いつ閉店してもおかしくない状況だ。

そんななか、鳩ヶ谷方面から意外なグルメ情報が飛び込んできた。鳩ヶ谷ソース焼きうどんである。川口としては2011年に「鳩ヶ谷」と合併して得た貴重なコンテンツといっては失礼だろうか。ともかくこれは、鳩ヶ谷市商工会が市内に工場を構えるブルドックソースと共同開発した特製ソースを使用した焼きうどん。晴れて川口名物グルメにカウントされる逸品だが、ブルドックソースとのコラボとは実にいいところに目を付けたものだ。

埼玉県は、うどん生産量が全国2位という「隠れうどん県」である。そこに特製ソースが加わった唯一無二のご当地グルメ。が、出自が鳩ヶ谷のためか、PRがそもそも足りていないのか、その存在を知らない川口市民も少なくない（ソース味は浸透しているけど）。これはちょっと悲しいぞ。

もっとも、鳩ヶ谷ソース焼きうどんの定義は「特製ソースを使っているか否か」だけで、麺の種類や具材に指定がない（ユルい！）。よって、店によっては生卵がトッピングされていたり、マヨネーズやかつおぶしが振りかけられてお好み焼きスタイルになっていたりと、見た目に統一感がない。この指定のユルさも鳩ヶ谷ソース焼きうどんが川口名物としてブレイクしきれない一因のよ

川口市には名産品と呼ぶべきものが少ない。鋳物か植木ぐらいだが、地味なので直球勝負では苦戦してしまう

うな気もするが、定義のユルさを逆手に取れば、ルールがないゆえに各店ごとにトッピングや使用する麺に違いが出て、店の個性は出る（川口特産の野菜を具にしてもいいかもしれない）。

それならこれは提案だが、京急電鉄が以前から行っている「みさきまぐろきっぷ」のように、鳩ヶ谷の街を走る国際興業バスやタクシー各社とコラボして、鳩ヶ谷ソース焼きうどんをお得に楽しめるチケットを作成し、食べ歩きシステムを作り上げてはどうだろう。そうすればもうちょっとB級グルメとして認知されるのではないだろうか。

ちなみに、鳩ヶ谷商工会らが運営する

鳩ヶ谷ソース焼きうどんの公式ホームページのブログは、2012年の更新が最後となっている。つまり盛り上がっていない証拠で、今こそ策を講じる時ではないだろうか。

最後はやっぱり鋳物に尽きる？

川口市観光物産協会が発行している「おみやげガイド」で紹介されている推奨食品を見ると、饅頭や最中など和菓子類が目立つが、川口らしさを出すため、キューポラや鋳型などをモチーフにしたものが多い。フランクフルトソーセージの「たたらフランク」に至っては鋳物をイメージし、ソーセージに竹炭を練り込み、ソーセージとしては異色の黒いフォルムが特徴的。やはり最後は「鋳物の街・川口」頼みということなのだろうか。

ご存知のとおり、江戸時代に急速に発展した川口の鋳物産業は、古くは日用品、その後は大砲や砲弾を製造。戦後、鋳物産業自体が下火になっていくなか、川口鋳物は東京オリンピックの聖火台を作るなど知名度、実績とも国内のトップランナーとして走り続けてきた。

だが、1960年代から「都心に近い」川口は市内各所で都市化が進み、工場は宅地や商業地へ姿を変え鋳物産業は急速に衰退。日本鋳造協会が発表した2018年の銑鉄鋳物の埼玉県内での生産量は7万3859トン。関東圏で最大の生産量を誇る栃木県（20万9186トン）の半分以下どころか、さほど鋳物が盛んではない茨城県の7万5794トンを下回っている。「鋳物の街」も今は昔である。そうした状況であっても、特産品として鋳物をモチーフにした商品が多いあたり、鋳物以外にすがれるものがないというのが、川口の現実なのである。ただ鋳物産業は廃れてきているが、それでもまだすばらしい製品を作り続けている業者はある。道の駅などには、川口の名産品として鋳物のスペースが一定数確保されているわけだが、フライパンなど一級の調理器具の鋳物製品を富裕層や外国人向けにもっと売り出せないものだろうか。刃物で外需取り込みに成功している新潟の燕三条や岐阜の関のようになれれば最高だろう。

本当にいいものなら、それは「川口産のイッピン」として国内外で受け入れられるだろう。こうして、消費者が普段使いする良質の製品をどんどん作り出していけば、新住民の鋳物産業への理解も深まるだろうし、川口に住んでいることにもっともっと胸を張れるはず。さらには、先述した鋳物をモチーフにした銘菓だって、その存在感は今より増すはずだ。

盆栽を突破口にインバウンド狙い！

川口で鋳物のほかに歴史ある産業といえば植木。2018年の市民意識調査の「市民が最も好きな場所、もの、行事」1位は、多様な草花を展示販売する市立グリーンセンターだった。道の駅川口・あんぎょうに併設された川口緑化センター樹里安も6位に入るなど、川口には草花を愛でる文化が根付いている。また、同調査の「川口市の良いところ」の問いに、「自然環境が豊かである」と答えた18〜20代女性は、全世代平均の14・3パーセントを上回る16・7パーセント。65〜74歳女性のそれが30パーセントであるため目立たないが、草花に関心のある若い女性は意外に多い。

川口緑化センター樹里安は入場無料という事情もあるが、休日には駐車場が満車になるほどの超盛況ぶり。展示された草花を見ると、多彩な種類に加え、高級な胡蝶蘭の鉢植えが１万円を切るなど、比較的安価で販売されている。

グリーンセンターや道の駅の来場者の多くは、50～70代とおぼしき夫婦。次いで40代前後の比較的若いファミリー。彼らはおそらく、庭付きの一戸建てを所有し、庭を彩る花木を探しにきたのだろう。川口にはタワマンを筆頭にマンションも多いが、周辺の草加市や越谷市などは一戸建て住宅が主流だそうである。

さらに注目すべきは、客が高齢者ばかりではない点。比較的若い世代にもファンがいるのは、川口にとっても心強い。「ガーデニングの街・川口」をガンガン宣伝するときが、今まさにやってきているのではないだろうか。

また若い女性は、ＳＮＳ映えの写真を常に欲している。彼女らのニーズは、川口の草花文化にマッチするのでは？　植木は難しくとも、小さな鉢植えや苔玉ならばひとり暮らしのワンルームでも育てられる。ちなみにインスタ内で「#苔玉」と検索すると、７万件以上の画像がヒットする。川口はこのような植物が人気ジャンルとなっている現状を、見逃す手はないのではないか。

さらにガーデニングは本場イギリスをはじめとしたヨーロッパ伝来の文化という下地があってか、日本の植木や盆栽は欧米人に受け入れられている。その例が、さいたま市の「大宮盆栽美術館」だ。2010年に開館した同館は、今や訪日外国人の人気観光スポットになっている。植木や盆栽といえば、川口には安行がある。安行は全国一の植木・苗木の里といわれ、その始まりは江戸時代。観賞用の草花栽培や盆栽づくりも盛んな地だ。「盆栽町」という地名もあるさいたま市に先鞭をつけられた格好だが、こちらも本場中の本場。いっそさいたま市と「グリーン同盟」でも締結し、「植木・盆栽」を全世界的に発信するのも手では。川口の「川口安行の植木・盆栽市」ホームページは外国人向けの体裁になっているが、どうも川口単独では心もとなく感じてしまうのだ。

これら川口の歴史を彩ってきた真の名産品。宣伝次第では、グルメでは仇となった「都心への近さ」を武器に、都内観光ついでに盆栽を見に行こう、鋳物を購入しようという流れができるかもしれない。中国を筆頭にしたアジア圏の富裕層を狙うのもいいだろう。川口には3万人を超える外国人（うち中国人は2万人超）が暮らしている。こうなったら同胞にどんどん川口製品を宣伝してもらおうじゃないか！

※　※　※

　さて、予想外のコロナ禍にあり、インバウンド狙いで新たな名産を探る動きは、ひとまずストップせざるを得ない。それでも盆栽や植木などは安定の人気を誇っているので、とりあえず今のところは耐え忍ぶ時期だろう。あるいは、ICTをフル活用して海外販路を探るという手段もあるが、それも原住民主導だとちょっと難しいだろうなぁ。

　川口の植木技術が将来的に脚光を浴びるためには、先にも触れたように、さいたま市との連携が必須であろう。「所詮、埼玉」と言われてしまうかもしれないが、それでも単独で動くよりはアピール力が段違いのはずだ。そのためには各々がミョーなプライドを捨てて協力し合う姿勢が肝心。でも、川口ってどうも浦和とか大宮をライバル視してる感があるんだよなぁ。伝統やプライドを捨て去れとは言わないまでも、世界が異常なスピードで変化している今、どこかで、名を捨てて実を取る必要があるように思う。

鳩ヶ谷を中心に鉄道が弱いならバスで勝負だ！

7時台は70～80本!?　朝の鳩ヶ谷はカオス

川口市内の路線バスは、およそ国際興業バスの独占状態だ。それ以外は川口駅～新栄団地間、国際興業バスとの併用路線である川口駅～草加駅間、一部が川口市域に入る竹ノ塚駅～安行原久保循環の東武バスセントラル3路線があるのみ。今も昔も川口市内、そして当然、旧鳩ヶ谷市内は国際興業バスが縦横無尽に走っている。

そして、誰が呼んだか「バス王国」鳩ヶ谷。2001年に埼玉高速鉄道が開業するまで、朝のラッシュ時、メインストリート（旧122号、日光御成街道）にはバスがこれでもかと連なっていた。

鳩ヶ谷市街地の鳩ヶ谷本町1丁目バス停からは赤羽、川口、西川口、蕨の各駅にバスが出ている。現在、朝7時台は4路線合わせて25本前後。これでも多いといえば多いが、最盛期から考えれば激減した。何せ、最盛期の朝7時台は推定70～80本！ざっくりとした内訳は赤羽行き25本、西川口行き25本、川口行き10本、蕨行き10本といった具合。本数の多い赤羽行きと西川口行きは時刻表の範囲内に入らず、欄外に飛び出していた。

いうまでもなく「バス王国」は、鉄道空白地帯であるがゆえに築かれた。前述の通り、明治初期は鳩ヶ谷は川口を上回るどころか、県南最大の街だった。しかし、日本中で伝わる鉄道忌避により、鳩ヶ谷には鉄道が通らなかったと伝えられている。ただ、鳩ヶ谷が鉄道開通を拒否したという文献は市史などの資料には見当たらなかった。逆に、熱心に鉄道誘致に乗り出したことが記述されている。とはいっても、結果的に鉄道が通らなかったことは事実で、これにより宿敵・川口の後塵を拝した。かくして鳩ヶ谷は陸の孤島、いやいやバス王国の道を歩むことになる。

10年後の地下鉄は20年後もこなかった

鳩ヶ谷に初めてバスが通ったのは1916年。当時の鳩ヶ谷自動車が、鳩ヶ谷〜川口駅間を開業させたのが最初だが、実はこれ埼玉県内初のバス路線だった。このあたりは、後の「バス王国」の面目躍如であろう。

その後、東都乗合自動車を経て、1950年には国際興業バスとなる。そして、鳩ヶ谷と周辺地域の宅地造成が進み人口が急増。その発端となったのが、1958年の公団鳩ヶ谷東・西団地（現・URコンフォール東・西鳩ヶ谷）の完成である。これにより、バス網も急速に充実した。

しかし、急速な都市化により、道路の渋滞が慢性化。通勤・通学客は地獄を見ることになり、満員・渋滞による遅延という二重苦と日々戦うことにもなった。

ただここで、疑問がある。鳩ヶ谷公団住宅（鳩ヶ谷東団地の最寄りバス停）から、通常でもバスの所要時間は赤羽駅まで約30分、西川口駅まででも約25分、朝のラッシュ時はさらに多くの時間を要す。雨が降れば鳩ヶ谷公団住宅〜赤羽駅間は90分以上要すことも珍しくなかった。さらに近隣住民はそこから徒歩である。そんな僻地になぜこぞって住んだのか？　これこそは「地下鉄来る来る詐欺」が理由だったと筆者は邪推してしまう。

実は、筆者は1970年代において、この地域と少なからず縁があるのだが、その当時、現地でバスの混雑に文句をいうと、周囲に「10年後に地下鉄が来る」といわれたものだった。

ところがなかなか鉄道はやってこない。実際に地下鉄が通ったのは2001年。実に30年近くが経過していた。ということは、周辺の住宅地、あるいは公団の入居者らは「地下鉄が来る」という甘言に騙されて入居した可能性は十分あるように思う。

積み残し対策で取った国際興業バスの策は

さて、川口市内のバスの混雑について、国際興業バスはこれまで何もしなかったわけではない。混雑緩和に向け、三ツ和（現・鳩ヶ谷市庁舎）～赤羽駅東口間ノンストップ運行実施（1964～1970年）、国道122号元郷交差点～荒川大橋交差点間バスレーン実施（1971年、1975年に末広交差点からに延長）、昭和橋交差点終日右折禁止（1973年、路線バスを除く）、鳩ヶ谷市内浦寺～変電所交差点間の一般車通行禁止（1983年）、三ツ和～変電所交差点間上り線2車線に拡張（1985年）など、さまざまな渋滞緩和策を講じた。

そして、バスすし詰め問題の対策として行ったのが鳩ヶ谷公団住宅～赤羽駅、西川口駅間の「三段ロケット方式」である。これは朝ラッシュ時の積み残し問題を解消するため、鳩ヶ谷公団住宅、鳩ヶ谷、変電所の3カ所を始発とした。鳩ヶ谷公団住宅、鳩ヶ谷始発は変電所～赤羽駅、西川口駅間は、車内が満員の時は停まらなくてもよいこととなった。

が、どれも一定の効果はあったものの、抜本的な問題解消とはならず、朝のラッシュ時の混雑の影響もあり、1980年代は旧鳩ヶ谷市の人口が頭打ちになった。

結局、2001年に埼玉高速鉄道が開通し、鳩ヶ谷市内のバスの大規模再編が行われ運行本数が激減。変電所発着も廃止された。しかし、埼玉高速鉄道の運賃が高いこと、市街地から外れていることなどもあって完全には移行せず、一定数の利用客がある。その後増便が行われ、現在に至っている。
鉄道開業前ほどの勢力はないが、現在も赤羽駅、西川口駅行きを筆頭にそれなりに頑張っている旧鳩ヶ谷市内のバス。バスレーンも旧鳩ヶ谷市内は現在行われていないが、１２２号は存続しており、このあたりは一定の利用客がいる証明ともいえる。地元では鉄道を熱望していたにもかかわらず、高額運賃（鳩ヶ谷～赤羽岩淵間３１０円）だったため、バスはその衰退を免れた側面もある
ただし、一大拠点だった浦寺操車場（鳩ヶ谷バスターミナル）は２００１年の鉄道開業時に廃止（現在はマンションが建つ）、旧鳩ヶ谷市桜町にあった鳩ヶ谷営業所は、２０１４年に赤山に移転した。往時を知っている者からすると、ちょっと寂しく感じられてしまう「バス王国」の現状だが、川口のバスは永久に不滅。あとはバスに合わせた道路の整備も進めて欲しいものだ（幅員が狭すぎ！）。

川口市コラム 6

煙たがられる川口オート

ギャンブル好きにとって川口といえば川口オート。「爆音、川口オート」と答える人も多いのではないだろうか。

経済産業省が2020年に発表した『競輪・オートレースを巡る最近の状況について』によると、オートレースの売上は右肩下がりで739億円を記録。なかでも、川口オートは入場者数・売上ともに日本一を誇っている。2014年度の売上（約201億円）を皮切りに、売上は年々増加。2019年度も201億円と絶好調だ。貴重な市の財源となっているのは言うまでもない。売上増の理由の第一はネット投票の普及だが、船橋オートがなくなり、川口オートが首都圏唯一のオートレース場となったことが大きい。さらに、元SMAPの森且行（ケガは残念極まりない）や44年ぶりの女性レーサー・佐藤摩弥、モトGP世界王者の青木治親らが所属していることも少なからず貢献している。

他方で、川口市民のなかにはオートを、「暗い、汚い、怖い」といったイメージから敬遠する人も少なくない。内外からのイメージ格差は実に甚だしい。実際に川口オートへ行くと、食堂でビールや焼酎、もつ串やフライ類を頬張るオッチャンばかり（ハンチング帽率高し！）。リタイアしている高齢の大先輩方もかなり多く、若い女性はまずいない。典型的な公営ギャンブル場の空気が漂っている。これでは「汚い、怖い」とイメージされるのもわからなくもない。

川口市の市民意識調査（２０２０年）の「川口市の好きな場所・もの・行事」で川口オートレース場の支持はわずか７・９パーセントにとどまっている。これまでたたら祭りの会場になってきたというのに、オートレースに無関心だったり、煙たがっている人も少なくないのだ。

ただ、ギャンブルを毛嫌いするであろう教育施設が川口オート付近には多い。オートの真向かいにある川口アソカ幼稚園のほか、徒歩圏内に幼稚園・保育園が少なくとも3園。オートのオケラ街道と幼児の通学路が同じという、よその公営ギャンブル場にはあまり見られない現象が起きている。

オートと教育施設という一見ミスマッチな取り合わせといえば、オートの場内にあるちびっこランド。ブランコや砂場などがある公園で、子供連れの若いママに話を聞くと「あまり混まない穴場」とうれしそうであった。ギャンブル場というイメージを取っ払えば、親子で楽しめる場所なのである。

川口オートは今後も発展する余地を残している。駅前再開発ばかりに目を向けるのではなく、思いきって市内にないアミューズメント施設もアリだ。いっそオートレース場を中心にまちづくり（レジャータウン）計画を立ち上げても面白い。市民が集う場になれば、オートに興味を持つ人が増えると同時に、イメージも浄化され、オッチャンだけじゃないファン層を獲得できるかも!?

第7章
ダイバーシティな街川口のこれから

外国人との共生をリードする川口が日本の手本になるべき！

共生都市を目指してまい進する川口

川口に住む外国人は約3万8000人にまで膨らみ、外国人の転入数はついに1万人を超えた（2021年1月現在）。日本人の転入数が2万4000人ほどだから、転入人口のおよそ3人に1人が外国人ということになる。川口はまさに多文化都市と呼ぶにふさわしい街である。

ただ、年々増加する外国人の姿を行政も指をくわえて見ていたわけではない。市は、2011年に「川口市多文化共生指針」を策定。2014年に改定し、2018年には「第2次川口市多文化共生指針」を策定するなど、外国人共生問題を明文化している。

新・指針には「2020年をピークに川口市は人口減少社会に入ると予測されている。こうした状況から、外国人住民を『支援される側』から『支援する側』として捉え直し、高度な技能な知識、様々な文化的背景を持ち、個性豊かで活気溢れる外国人住民の多様性をまちづくりに……云々」の文言が躍る。役所の書くことは実に抽象的でほとんど意味不明だが、「たくさん住んでいる以上は、そういう外国人を市民、人材として受け入れよう」ってことだろう。亀の歩みの行政も、外国人急増を受けて今回ばかりは早々に本腰を入れた模様だ。定期的に、外国人居住者1000人規模のアンケートを実施し、その結果をもとに外国人の暮らし向上、彼らと日本人の共生を図ろうとしているようだ。

たとえば、市のホームページが英語や中国語だけでなく、韓国語、タガログ語、トルコ語の5カ国語に対応したとともに、9カ国語対応の「ゴミの分別ガイドアプリ」を開発したのは大きな一歩であった。こうした地道な努力に加えて、地元住民による「ゴミ収集の頻度を増やす」という妙案が功を奏し、以前ほどゴミ問題が炎上することはなくなった。大きな障壁がなくなったため、地元住民の理解も前進しているようだ。

外国人人材の活用が共生のカギを握る！

また市は、月曜日を除いてほぼ連日、ボランティアによる日本語教室を開催。勉強したい外国人とともに教えられる日本人を募集している。さらに、2019年3月には3度にわたり「日本語ボランティアレベルアップ講座」と題し、教える側が抱える不安や問題を検討、解決する支援する講座を開催。日本語の習得に始まり、日本の文化を知り、川口で守られるべきルールをわかってもらう。手間はかかるが、異文化の相互理解を図るには時間も必要ってこと。ここは市政を力いっぱい応援したい。

川口に居住する外国人の年齢分布（2021年1月1日）を見ると、20〜39歳という働き盛り、伸び盛り世代が全体の6割弱を占めている。少子高齢化の一本道をいく日本（川口）にとって、彼らが大切な納税者であり、現役世代であることも忘れてはならない。こうした外国人の若い層が川口の産業に携われば、人材不足の解消にもなるはずだ。だが、川口市内で外国人の働き場所を探してみたり、話を聞いてみたのだが、これが案外見当たらない。ある中国人からは都内のIT会社に勤めているという話も聞いたが、市内で見かけたのは不動産会社だけで、今のところ外国人人材を活用してるのはコンビニぐらいのもの。まだまだ外国人を人材と活用しきれてはいないようだ。とはいえ、川口では民間レベルでも外国人の就労支援を行う会社がけっこうあったりして、外国人人材を活用した新ビジネスが活況の様相を呈している。

問題は、首都圏近郊で発生している外国人グループによると思われる窃盗事件の多発。だが、これも背景にはコロナ禍によってクビを切られてしまった外国人が生活苦に陥って、犯罪に手を染めているとも考えられている。広く外国人人材を受け入れられる懐の広さがあれば、こんな事件は発生しなかったかもしれない。まぎれもない多文化都市なのだから、川口が全国に先駆けて、外国人の理想的な活用法を生み出してほしいものである。

問題は日本人が抱える外国人アレルギー

しかし、希望がないわけでない。その最たる例が、2019年に川口市立芝西中学校・陽春分校として開校した夜間中学だ。２０１９年の入学者は77人（男性30人、女性47人）で、そのうち６割超の47人が外国籍。最多が中国で21人。次いでベトナム６人、韓国４人。以下、ネパール、トルコ、アフガニスタン、ブラジル、ペルー、ミャンマーが各２人。タイ、パキスタン、フィリピン、台湾が各１人と国籍も多様だ。外国人の子供たちも普通の公立小学校で学びを共にしていたりするのだ。川口は、日本の文化や慣習を身につけた外国人人材を育成する場ともなっている。

ここで問題になってくるのは日本人側の意識だ。グローバルが叫ばれて久しいが、いまだに外国人というだけで毛嫌いする日本人は少なくない。外国人アレルギーとも言うべき悪しき考え方である。だが、ゴミ問題に解決のメドが立つや否や、双方の誤解が和らいだという、いい前例もできた。このように双方に横たわる障壁をひとつひとつ取り除いていけばいい。そうした川口の実例が、日本における外国人との共生のモデルケースになるはずだ。

かつてテレビなどでも散々報道されたゴミの不法投棄現場。現在はだいぶ外国人の理解も進んだようで、すっかりゴミはなくなった

リアルチャイナタウンを形成している西川口周辺。中国人はメシだけ食べて、あまり宴会などはしないそうだ

ライフスタイルの差を受け入れ懐の深い寛容な都市を目指せ！

意固地で移住民に冷たい原住民

戦前から川口に暮らしてきた原住民、戦後移り住んできた旧住民、近年引っ越してきた新住民、そして外国人と、旧住民を原住民の範疇に加えると、大ざっぱにいって川口には3つの人種がひしめいている。しかも微妙な相関関係を保ちながら暮らしていることが取材でわかった。端的にいえば、相互理解がまったく進まぬままに生きていたのだ。ただ豊かで発展する街には得てして、新参者への差別・格差・奇異の意識を認めつつも、ヨソ者へ配慮の精神が根付いているものだ。

たとえば、ヨーロッパの小国・ルクセンブルク。ここはかつての鉄鋼から金融業で豊かになった国だが、移民層（居住者の約45パーセントがポルトガルほか外国人！）もそれなりの所得水準があり、格差が小さいという。それには、富裕層が富を見せつけない暮らしへの配慮があると指摘するのは、地域エコノミストの藻谷浩介氏である。さらに、ルクセンブルクは小国であるがゆえに、ベルギーやオランダなど周辺国と手を組み、EUの中で確かな立ち位置を獲得したのだという。

まさか、川口も外国に真似て原住民（おもに富裕層）に、身銭を切って市のためにどうにかしろとはいわない。あくまでも暮らす上での精神論だ。

この点で、川口は遅れていると言わざるを得ない。原住民が、外国人を毛嫌いし、また新住民を訝しんでいるフシもある。一部の権力者、原住民の「民意」を通すかたちで、新市庁舎を現庁舎の向かいに建設したという風聞が立つのもその象徴だろう。いっそスキップシティを文教・文化、そして行政の中心地としたほうが、ずっと格好もよかったような気もする。

このように、支配層たる原住民たちは、かなり頑固でプライドが高い。そうした鋳物より硬い鉄の意思（？）が、街にひずみを生む一因となっているのではないだろうか。

日本人の住民層ですら多文化！

さらに、新旧住民の溝はいっこうに埋まっていない。自治会問題に象徴されるように、川口では、新住民と原住民が足の引っ張り合い、短所の見せびらかし合戦をしている。だからなのか、近隣市からは、「川口の人ってやっぱり垢抜けないいね」なんて声も現実に聞こえてくる。言葉は悪いが、川口は、田舎社会にヨソ者が入りすぎた街といってもいいだろう。

それぞれの人種がまったく交わらないのは、市内を歩いてみればわかる。たとえば、川口駅前には若いファミリー世代がけっこう歩いているのだが、西川口駅周辺は真昼間から飲んだくれているオッチャンたちのパラダイス。おそらく、かつては労働者として近隣の工場などで汗を流していたのだろう。引退してからは適度にオートレースを楽しんでは、勝ったら泡風呂、負けたら安酒を引っかけて帰るというお決まりのパターンがあるのかもしれない。その証拠に、西川口駅周辺には1杯100円、200円程度で飲める居酒屋があったりもする。ここにリアルチャイナタウンが絡んでくるのだから、川口市の南西部はゴチャゴチャ感がハンパじゃない。

その一方で、東川口や南浦和あたりの住民は、こうした南西部とは無縁で、むしろカオスを敬遠しがち。外国人も含めて新住民が急増しているわけでもなく、ショッピングなどもさいたま市に依存することが多い。鳩ヶ谷民は川口を利用することもあるが、精神的には独立独歩。合併したところで、そもそも住民としては川口市民という意識が薄い。

要するに、川口の住民層を探ってみると、外国人がいなかったとしても、もともと〝多文化〟なのだ。鋳物工場などを経営していた支配層、代々マイペースを貫いてきた農民、鋳物が隆盛していた時代に移住してきた労働者、タワマンができるようになってから流入してきたファミリー世帯、コミューンを頼って海を渡ってくる外国人……。それぞれが暮らしやすいエリアに固まって生活を営んでいるため、まるで接点がない。これも川口という街のイメージがいっこうに固まらない要因のひとつである。

無理矢理コミュニケーションをとっても軋轢が生じるだけ

では、川口はひとつにまとまるべきか否かという議論になる。だが、今回の取材を通して、住民同士の住み分けができている川口は、それぞれの人種が、それぞれの生活リズムを崩さずに、豊かな川口ライフを送れるのではないかとも思うようになった。生まれた時代も場所もまったく異なる人種が集っているのだから、価値観やライフスタイルを何かの基準に合わせようとするのは無理がある。近いエリアに住んでいる住民同士がコミュニティを形成するのは大事なことかもしれないが、だからといって自治会や管理組合に無理に加入させることで解決するとは思えない。

何よりも大切なのは、それぞれの人種の「違い」を受け入れることではないだろうか。どこに「違い」があるかを理解することは、相互理解を深めることとほぼ同じことである。そうすれば、もっと懐深く、新住民を受け入れることができると、筆者は思う。

外国人に対する思いは原住民の間でも千差万別。温かく見守る人もいれば、知りもせずに毛嫌いする人もいる

そこかしこで遭遇する中国系ファミリー。日本語がたどたどしくても、彼らもれっきとした川口市民であることに変わりはない

住民と行政が切磋琢磨して未来を切り開け！

意外と懐が深かったりする川口行政

本書では、街の成り立ちを知るための歴史的背景に加え、現在の川口に住む「人種」にスポットを当て、それぞれの思いやライフスタイルについて述べてきた。客観的データと取材時で感じた主観的な意見をもとに、時には辛らつに、時には檄を飛ばしてみたが、いかがだっただろうか。個人的には、これまでベッドタウン以外のイメージが思いつかなかった川口が、多様な住民に支えられた色彩豊かな街であることを実感し、いかに表現するかで苦心した次第である。ここからは最後の大まとめとして、多様な人種を抱える川口の問題点を踏まえて、進むべき未来について論じていきたい。

すでに、外国人をはじめとする人種間の問題については前述してきたが、こうした問題に取り組んできたのは、まぎれもなく行政である。外国人との共生指針を示したり、新旧住民との交流を図るために自治体加入を促す政策なども打ってきた。現在の市長（奥ノ木信夫氏）が率いる行政が果たしてきた実績を客観的に評価すると、評価できるものも多い。

最近では、市内に暮らす「仮放免」のクルド人の就労を可能にする制度の創設を法務省に要望したりもしている。ちなみに、「仮放免」とは、本来は滞在が認められない外国人を収容施設から一時的に釈放している状態を指す。この状況にある外国人は、日本国内で就労することもできず、生活が困窮しやすい。こうしたクルド人が、市内には約500人ほど生活しているという。さすが全国を先駆けた多文化都市だけのことはある。こうした市の動きに対して、支援者でNPO団体などからは高い評価を受けてもいる。リアルな住民感情を抜きにして考えれば、川口はかなり外国人に優しい街だといえよう。

また、市長が「選ばれる街」を大々的にPRしているように、子育て世代への行政サービスも強化されている。その最たる例が、市独自の「園児保護者入園料補助金」だ。これはこども園などに認定されていない私立幼稚園の入園料を上限2万円まで補助する制度だ。ちょっと金額が少ないように思われるかもしれないが、市立幼稚園の場合は、何の補助もない市区町村がほとんどなのだから、ないよりはマシだ。また、私立幼稚園を活用できれば、待機児童問題の解消にもつながる。事実、川口市は2年前と比較すると、待機児童数が格段に減少している。盤石な財政基盤をもとに、外国人や新住民に対しての施策に力を入れている。川口行政はけっこう懐が深い。

国もあ然とする教育行政の腐敗

その一方で、現市長に対する原住民の評価には厳しいものも少なくない。ある70代男性は「ありゃダメだ」と指摘。ほとんど酔っ払いのグチのような感じだったが、そのなかでいじめ問題への対応への批判だけは具体的だった。

そのいじめ問題とは、市内の中学校で元男子生徒が在学中に不登校になったことを端に発している。元生徒は、同級生からのいじめや教師からの体罰を主張し、川口教育委員会を相手取って裁判を起こしたのだ。

この裁判の経緯が、まあひどい。元生徒は在学中に学校に対応を求めたものの、ほぼ門前払い。学校内での誹謗中傷はまたたく間に広がり、元生徒は自傷行為に走るほど追い詰められていたそうだ。そんな元生徒や家族らが決死の思いで始めた裁判の口頭弁論で、市教委からトンデモ発言が飛び出した。

「いじめ防止対策推進法は整合性を欠いていて、欠陥がある」

つまり、自分たちが悪いんじゃなくて、国が悪いと言い出したのだ。これには文科省もあ然としたようで、市教委を呼び出して事情聴取を行うと、あっさりと「詭弁でした」と認める始末。さらに裁判が進むと、学校と市教委のずさんな対応が露呈した。たとえば、体罰をしたとされる教師は、裁判で「体罰というレベルのものではない」と説明していたが、実は学校や市教委も体罰として認定していた事実があり、実際に訓告処分を言い渡していた。にもかかわらず、裁判では市教委はこれを否定し、「体罰の事実はない」と主張したのだ。

もはや論理もへったくれもない言い訳だ。この裁判の記録は終始このようなやり取りが続いており、一部ネットではあまりのヒドさに「コント裁判」とも揶揄され（被害者は笑えたもんじゃない！）、教育行政のマズさを表す「川口級」というフレーズまで定着しつつある。

こうした市教委に対して、市長は擁護する立場を貫いた。教育長に責任を取らせるどころか再任議案を提出して、「いじめ問題について教育長は自ら直接対応する努力をしている」と答弁した。まあ、確かに辞めたら決着がつくというわけじゃないが、少なくとも何らかの処分を下してから、職務に当たらせるべきだったと思う。この対応によって、川口市民には「あの市長はグル」というイメージを抱く人も増えてしまった。少なくとも教育行政についてはイメージだけでなく、現場レベルでも改善の余地がありそうだ。

対立でも同調でも主張がなければ何も生まれない！

現在の川口行政には光も闇もある。ただ、どの自治体でも同じことが言えるだろうし、程度は異なれど、いじめ問題の対応のマズさは他の自治体でも起きている。ただ、問題はその光と闇とを判断して、いかにして住民たちが政治を評価していくかにある。その点で、川口の住民は政治に対する関心が薄すぎる。前回（２０１８年２月４日）の市長選だって、投票率はわずか22・９パーセントで過去最低を記録した。奇しくも市内で戸建てに住む住民の割合とほぼ一致する。川口の新住民が、ほぼマンションに住んでいると考えると、新住民はほとんど投票に行っていないのだろうか。行政に対する不満やグチを口にしても、投票に行かないんじゃあ、それを言う資格はない。結局、すべてが行政の意のままに動いてしまうので、市教委のようなトンデモない腐敗が目に見えないところで進行してしまうのだ。これは、川口が多人種で形成されており、ひとつにまとまりきれないことの弊害だ。

川口における政治的無関心は、まちづくりにもよく表れている。取材の際に、街のあちこちで様々な人たちにまちづくり関する話題を振ってみたが、「タワマンばっかりいらない」という意見はあっても、具体的にどうしてほしいとか、ああしてほしいという希望はほとんど聞かれなかった。それどころか半ばあきらめムードだったり、完全に他人事だったりもした。要するになりゆき任せなのだ。強固なネットワークを築いている原住民にしても「市長なんて○○に住んでるから直接話せばいいや！」と、完全に同級生感覚（偶然かもしれないが、そういう人がマジで多い！）。それはそれで川口らしいといえばそれまでだが、市長選なのに生徒会長選挙のような感覚になってるとしたら、けっこう危険じゃなかろうか。

ここでぜひ頑張ってほしいのは、新住民たちだ。ベッドタウンだから街に愛着が湧かない人も多いのだろうが、家を購入している世帯は、川口が終の棲家になる可能性が高い。だとすれば、もっと川口のまちづくりや行政について興味を持ち、家族が生活を営む環境を真剣に考えるべきだし、市民の投票率をもっと気にしたほうがいい。市行政に対して関心を抱けば、次第に祭りやイベントにも参加しようという気運も高まるだろう。両者の意見が同調するにしろ対立するにしろ、自然と新旧住民の交わりが深まっていくはずだ。

川口は財政基盤もしっかりしてるし、行政にはプラス面もある。そしてそれぞれの人種がひとつにまとまる必要はない。それぞれの立場から川口を見つめ、多様な意見を出して、街の発展につなげていけばいい。多文化都市としての意見の多様性こそが、川口を明るい未来に推し進める原動力となるはずだ！

行政にいろいろと問題点はあるものの、現状は及第点。今後はベッドタウン以外の機能や魅力を活かしたまちづくりを期待したい

多様な人種を抱え、様々な価値観が混在している川口。お互いの長所を引き出しあえば、最大の武器になるはず

あとがき

およそ10年に及ぶ街取材を通じ、川口はなんとなく川崎に似ているように感じている。バッグンの交通利便性、広い市域、多い労働者、増え続けるマンション住民、点在する外国人コミュニティ……類似点を挙げ始めると、枚挙に暇がない。まあ、規模は川崎のほうが断然上なんだけど、街を形成する要素が似通っている。そもそも川口と川崎って名前も近いしね！

何よりも似ていると感じる点は、夜の街で出会うオッチャンと地元マイルドヤンキーたちである。筆者が川口でもっとも気に入っている居酒屋は、テレビでオートレースを流しており、オッチャンたちが一喜一憂しながら安酒を傾けている。一方で、川崎のお気に入りの店も、テレビで競馬を流していて、客層はホッピー好きのオッチャンばかりだ。双方ともにいまだに赤えんぴつを耳に刺している人を目にして、何となく居心地の良さを感じて、ついつい長居してしまうのだ。

そこからバーやキャバクラなどに足を伸ばすと、今度はワルっぽい雰囲気たっぷりのマイルドヤンキーたちと遭遇する。キャバ嬢にしたって、タトゥーばりばりで、20代なのに酒焼けしていたりもする。いずれも最初は怖いが、打ち解けるとノリが良くて、めちゃくちゃ人懐っこい。あまり書けないような裏情報をもたらしてくれるのは、だいたい夜の街のマイルドヤンキーたちである。

おそらく一般的には、敬遠されるような人種なのだろうが、筆者はこうした層が多い街に興味を惹かれるし、実際に話を聞いても面白い。なぜなら、彼らはディープに地元と関わっているからだ。たとえば、川口のたたら祭りで山車を引くのは、わりかし地元のヤンチャ衆である。ガラは悪いが、連帯感が強く、なんだかんだで地元を愛しているから、移住なんて考えたりもしない。おそらく赤えんぴつを刺しているオッチャンも、昔はヤンチャ衆だったのだろう。

本編では新住民の奮起を促しているが、実は、原住民の若者こそ地元愛を支える強力な土台を築いており、地方や郊外都市を元気にするパワーの源でもあると、筆者は考えている。何せ彼らは地元に暮らしていて幸せだし、消費行動もほとんどが地元だ。そんな川口を愛するヤンチャな若者が自由に闊歩しているうちは、川口はけっこう幸せな街である。

参考文献

・川口市
『川口市勢要覧・昭和11年』　川口市　１９３６年
・川口市
『川口市勢要覧・昭和12年』　川口市　１９３７年
・白石敏博
『写真で見る鳩ヶ谷の歴史』　鳩ヶ谷郷土史研究会　１９７５年
・芳賀登編
『江戸時代図誌 第9巻 日光道』　筑摩書房　１９７６年
・川口市
『川口市史 通史編 上巻』　川口市　１９８８年
・川口市
『川口市史 通史編 下巻』　川口市　１９８８年
・小野文雄責任編集
『図説 埼玉県の歴史』　河出書房新社　１９９２年
・寺阪昭信・平岡昭利・元木靖
『関東Ⅱ 地図で読む百年 埼玉・茨城・栃木・群馬』　古今書院　２００３年
・市川正三
『大江戸の繁栄を支えた見沼代用水生みの親 井沢弥惣兵衛』　見沼代用水土地改良区　２００５年
・川口市
『川口市統計書』　各号
・元木 靖
『川口市・鳩ヶ谷市（地図に刻まれた歴史と景観 明治・大正・昭和）』　新人物往来社　１９９３年
・岸田哲也
『こちら川口地域新聞』　潮出版社　１９９６年
・永瀬洋治
『わたしの川口物語』　求龍堂　２００９年
・東洋経済別冊
『都市データパック２０１８年版 ２０１８年7月号』　東洋経済新報社　２０１８年
・松本俊人
『超地域密着型会社戦略～地元の人に愛されて儲かる秘密～』　クロスメディア・パブリッシング　２０１４年
・角川マーケティング
『ウォーカームック 川口市Ｗａｌｋｅｒ』　角川マーケティング　２０１０年

【サイト】
・川口市
https://www.city.kawaguchi.lg.jp
・埼玉県
https://www.pref.saitama.lg.jp
・さいたま市
https://www.city.saitama.jp/
・戸田市
https://www.city.toda.saitama.jp/
・越谷市
https://www.city.koshigaya.saitama.jp/
・蕨市

https://www.city.warabi.saitama.jp/
・東京都
http://www.metro.tokyo.jp/
・足立区
https://www.city.adachi.tokyo.jp/
・北区
http://www.city.kita.tokyo.jp/
・船橋市
https://www.city.funabashi.lg.jp/
・埼玉県警察
https://www.police.pref.saitama.lg.jp
・総務省
http://www.soumu.go.jp/
・厚生労働省
https://www.mhlw.go.jp/
・川口市観光物産協会
https://kawakan2.jp
・川口市立高等学校
https://kawaguchicity-hs.ed.jp
・国際興業バス
https://5931bus.com
・東武バス On-Line
http://www.tobu-bus.com
・東日本旅客鉄道株式会社
https://www.jreast.co.jp
・埼玉高速鉄道
https://www.s-rail.co.jp
・芝園かけはしプロジェクト
http://shibazonokakehashi.org
・川口オートレース
http://www.kawaguchiauto.jp
・NIKKEI STYLE
https://style.nikkei.com
・東洋経済オンライン
https://toyokeizai.net/
・ＳＵＵＭＯ
https://suumo.jp/
・いい部屋ネット「街の住みここちランキング２０１９首都圏版」
https://www.kentaku.co.jp/sumicoco/
・地域医療情報システム
http://jmap.jp
・みんなの高校情報
https://www.minkou.jp/hischool/
・１１１０ｃｉｔｙ．ｃｏｍ
http://www.1110city.com/
・ザッツ川口
http://thats-kawaguchi.com/
・川口フューチャークリエイション
http://151aweb.com/rekisi3.html
・KAWAGUCHI i-mono・i-waza
https://www.kawaguchicci.or.jp/brand/
・オートレースオフィシャルサイト
http://autorace.jp/

●編者
鈴木ユータ
1982年、千葉県生まれ。全国各地を駆け巡る実地取材系フリーライター。川口に行くと、だいたい昼は西川口駅前の裏路地にある某中華屋のタンメンを食って、日が暮れたら地元のオッチャンが集まる年季の入った某居酒屋で1杯引っかけるのが定番コース。そのあとはお財布に余裕があったら泡風呂へ、スカンピンなら銭湯へ。あれ、川口ライフって意外と楽しいじゃん（笑）。

松立学
1972年、茨城県生まれ。地図本、宇宙、絵画、競馬に競輪……と何でもありの理系編集者兼ライター。県外出身だが、幼い頃から頻繁に川口（南浦和駅）の叔母宅へ出入りし、リアル埼玉を体験する。ただし、ダサイたま生まれの従兄弟の、茨城を見下した言動は今なおトラウマになっている。

地域批評シリーズ62　これでいいのか 埼玉県川口市
2021年5月23日　第1版　第1刷発行

編　者　鈴木ユータ
　　　　松立学
発行人　子安喜美子
発行所　株式会社マイクロマガジン社
　　　　〒104-0041　東京都中央区新富1-3-7 ヨドコウビル
　　　　TEL 03-3206-1641　FAX 03-3551-1208（販売営業部）
　　　　TEL 03-3551-9564　FAX 03-3551-0353（編　集　部）
　　　　https://micromagazine.co.jp
編　集　岡野信彦 / 清水龍一
装　丁　板東典子
イラスト　田川秀樹
協　力　株式会社エヌスリーオー / 髙田泰治
印　刷　図書印刷株式会社
※本書の内容は2021年4月7日現在の状況で制作したものです。
※本書の取材は新型コロナウィルス感染症の感染防止に十分配慮して行っております。

2021 Printed in Japan　ISBN　978-4-86716-138-8　C0195